다시, 삶

당신이 하나님을 더 깊이 알아가고 더 널리 알리는 사람이 되는 것, 이 책에 담긴 도서출판 예수전도단의 마음입니다. 말씀을 통해 저자가 깨닫고, 원고를 통해 저희가 누릴 수 있었던 그 감동이 책을 통해 당신에게도 전해지기 원합니다. 그리고 당신을 통해 그 기쁨과 은혜가 더 많은 이에게 계속해서 흘러가기를 기도하겠습니다. 이 책을 통해 당신이 받은 은혜를 다른 분들에게도 나눠주십시오. 사랑하고 축복합니다.

2026 사순절 묵상

다시, 삶

글 김학중

예수전도단

사순절

부활절 전까지 여섯 번의 주일을 제외한 40일 동안의 기간을 말합니다.
성경에는 '40'이라는 숫자와 관련된 사건이 많이 등장합니다.
노아 홍수 때 40일간 비가 내렸고(창 7:11~12),
출애굽 한 이스라엘 백성이 40년 동안 광야에서 훈련받았으며(민 14:33),
예수님은 광야에서 40일간 금식 후 마귀의 시험을 받기도 하셨습니다(마 4:1~2).

이처럼 '40'이라는 숫자는 고난과 인내를 상징합니다.
그래서 사순절 40일간을 금식과 기도, 경건의 훈련 기간으로 삼아왔습니다.
사순절 기간 하나님의 사랑과 그리스도의 인내에 들어가는 은혜가 부어지길
간절히 소망합니다.

2026년 2월 18일부터 **4월 4일**까지

사순절 40일

거룩한 여정의 걸음을 통해

흙이 아닌 생명으로

죽음이 아닌 부활로

다시 삶을 살아내는

은혜를 누리겠습니다.

믿음의 서명 ______________ (인)

서문

"흙에서 생명으로, 죽음에서 부활로"

From Dust to Life, From Death to Resurrection

2026년의 사순절이 다가옵니다. 올해 우리는 '다시, 삶(New Life)'이라는 주제로 거룩한 여정을 시작하려 합니다.

"너는 흙이니 흙으로 돌아갈 것이니라"(창 3:19). 재의 수요일에 우리가 마주하는 이 선언은 참으로 서늘합니다. 그러나 이것은 끝이 아닙니다. 오히려 시작입니다. 태초에 하나님께서 흙으로 사람을 빚으시고 생기를 불어넣으셨을 때, 그 흙은 생명이 되었습니다.

그러니 오늘 우리가 흙임을 고백하는 것은 절망이 아닙니다. 오히려 가장 겸손한 청원입니다. 내 힘으로 버텨온 뻣뻣한 자아를 태워 재로 만들고, 낮아진 마음의 빈터에 다시금 주님의 생기를 초대하는 시간입니다.

이제 시작되는 40일의 여정, 우리는 죽음 같은 절망 속에 있던 사람들이 예수님을 만나 어떻게 '다시, 삶'을 얻었는지 목격하게 될 것입니다. 38년 된 병자는 다시 일어나 걸었고, 죄책감에 갇혔던 여인은 자유를 얻었으며, 소외되었던 이들은 공동체 안으로 돌아왔습니다. 그 놀라운 생명의 기록들이 바로 우리 각자의 이야기가 되기를 소망합니다.

시대가 어둡고 혼란스러울수록 십자가는 더욱 선명해야 합니다.

예수님의 죽음이 우리에게 '다시, 삶'을 주었기 때문입니다. 이것은 단순한 종교적 관념이 아닙니다. 멈춰 섰던 삶이 다시 걷기 시작하고, 꺼져버린 마음에 다시 불이 켜지며, 무덤 같은 절망에서 부활의 생명이 움트는 구체적인 일상의 변화입니다.

이 책은 매주 삶을 묵상하는 시로 문을 열고, 매일의 말씀 뒤에는 그 말씀을 삶으로 받아들이는 기도문을 담았습니다. 사순절이 그저 종교적 의무가 아니라, 우리의 일상을 변화시키는 영성의 시간이 되기를 바라는 마음입니다.

40일의 여정 동안 우리는 함께 걸을 것입니다. 재에서 시작하여 부활로 나아가는 이 길 위에서, 우리는 모두 '다시, 삶'을 경험하게 될 것입니다. 흙으로 돌아갈 인생이 영원을 사는 인생으로 바뀌는 기적, 죽음에서 생명으로 건너가는 은혜, 그것이 바로 예수님과 함께 걷는 사순절입니다.

이 거룩한 여정에 여러분 모두를 초대합니다. 재를 털고 일어나 함께 걸으며, 우리 모두에게 '다시, 삶'을 살아내는 은혜가 임하기를 간절히 축복합니다.

2026년 사순절을 시작하며
김학중

차례

1주차

02월 18일 ~ 02월 21일

새로운 시작

〖묵상 시〗

재는 끝이 아니라
새로운 시작입니다

흙으로 빚어진 우리에게
하나님의 생기가
다시 불어옵니다

멈춰 서 있던 일상이
다시 일어나고
열병처럼 찾아온 무기력이
떠나가고
어둠 속에 있던 눈이 열려
주님을 따르는 길을 봅니다

재를 이마에 바르며
옛 자아를 내려놓습니다
죽음을 기억하지만
부활을 바라봅니다

오늘부터 40일
십자가를 향해 걷지만
그 너머 빈 무덤을 바라보며
주님과 함께
'다시, 삶' 이 시작됩니다

1일 02/18(수) | 재의 수요일

새로운 생명이 시작되다

"여호와 하나님이 땅의 흙으로 사람을 지으시고 생기를 그 코에 불어넣으시니 사람이 생령이 되니라" 창세기 2:7

재의 수요일, 사순절이 시작되는 날입니다. 교회는 오늘 재를 이마에 바르며 말합니다. "너는 흙이니 흙으로 돌아갈 것을 기억하라."

얼핏 들으면 우울한 선언처럼 들립니다. 하지만 알고 보면 이 선언은 동시에 희망의 문을 엽니다. 끝이 아니라 새로운 시작을 의미하기 때문입니다.

창세기 2장을 보면, 하나님께서 땅의 흙으로 사람을 지으셨을 때, 그것은 그저 흙덩이에 불과했습니다. 형체는 있었지만 생명은 없었습니다. 움직이지 않고, 숨쉬지 않으며, 살아 있지 않은 존재였지요. 아무리 정교하게 빚어진 형상이라 해도 생명이 없으면 그저 흙일 뿐입니다.

그런데 하나님이 생명의 숨을 그 코에 불어 넣으십니다. 바로 그 순간 놀라운 일이 일어납니다. 사람이 살아 있는 존재가 된 것입니다. 흙이 생명이 되고, 죽은 것이 산 것이 되었습니다. 하나님의 숨결 하나로 완전히 달라졌습니다. 이것이 창조의 신비입니다. 하나님의 생명이 들어가는 순간, 흙이 인격체가 되고 생명이 됩니다.

재의 수요일은 우리가 흙임을 상기시킵니다. 우리는 본질적으로 연약하고, 유한하며, 죽을 수밖에 없는 존재입니다. 아무리 성공하고, 부유하고, 건강해도 결국 우리는 흙으로 돌아갈 것입니다. 이것이 우리의 한계이자 인간의 본질입니다.

하지만 재는 끝이 아닌 새로운 시작입니다. 옛것을 태워 없애고 새것을 준비하는 과정입니다. 하나님은 흙 같은 우리에게 다시 생명의 숨을 불어 넣으십니다. 죽은 것 같은 우리 삶에 새 생명을 주십니다. 재로 덮인 우리에게 다시 하나님의 숨을 불어 넣으시는 것입니다. 이것이 사순절의 의미입니다.

40일간의 사순절 여정이 오늘 시작됩니다. 이것은 죽음의 여정이 아니라 부활의 여정입니다. 재에서 시작하지만 결국 생명으로 나아가는 여정이고, 흙 같은 우리가 하나님의 숨으로 새롭게 되는 여정이며, 십자가를 통과하여 부활에 이르는 여정입니다.

그런 점에서 우리는 어떻습니까? 여러분은 지금 재 같은 상태입니까? 타버린 것처럼 아무것도 남지 않은 것 같습니까? 흙처럼 무력하고 연약합니까? 자신의 힘으로는 아무것도 할 수 없는 것 같습니까? 괜찮습니다. 바로 그 자리가 하나님의 숨이 임하는 자리이기 때문입니다. 재를 이마에 바르십시오. 옛 자아를 내려놓으십시오. 교만을 내려놓고, 자만을 버리고, 스스로 할 수 있다는 착각을 포기하십시오. 그리고 하나님의 생명을 기다리십시오. 하나님의 숨결을 구하십시오. '다시, 삶'이 시작될 것입니다.

■ 기도

생명을 주시는 주님, 저는 흙입니다. 자신의 힘으로는 아무것도 할 수 없는 연약한 존재입니다. 재처럼 타버린 것 같고, 생명이 없는 것 같습니다. 주님, 저를 불쌍히 여기소서. 옛 자아를 내려놓게 하소서. 교만도, 탐욕도, 미움도, 모든 죄를 재로 만들어 주소서. 그리고 주님의 숨을 제게 불어 넣어 주소서. 흙 같은 저를 살아 있는 존재로 만들어 주소서. 죽은 것 같은 제 삶에 새 생명을 주소서. 오늘부터 40일간 주님과 함께 '다시, 삶'을 살게 하소서. 예수님의 이름으로 기도합니다. 아멘.

일어나 걸으라

"예수께서 이르시되 일어나 네 자리를 들고 걸어가라 하시니" 요한복음 5:8

예루살렘 양문 곁 베데스다 연못, 그날도 그곳에는 많은 환자가 누워 있었습니다. 물이 움직일 때를 기다리는 사람들이었지요. 전해 내려오는 이야기에 의하면, 천사가 가끔 내려와 물을 움직이는데, 이때 먼저 들어가는 사람은 어떤 병에 걸렸든지 낫는다고 믿었기 때문입니다.

그곳에 38년 동안 병으로 고통받는 사람이 있었습니다. 한 세대가 지나갈 만큼 긴 시간 동안, 그는 일어나지 못하고 걷지 못한 채 38년을 보냅니다. 젊은 시절과 중년을 잃고 이제 노년에 이르렀을 것입니다.

예수님이 그를 보시고 병이 오래된 줄 아시고 물으십니다. "네가 낫기를 원하느냐?" 38년이나 고통받은 사람이 낫고 싶지 않을 리 있겠습니까? 그러나 예수님은 그의 의지를 확인하십니다. 정말로 낫기 원하는지, 아니면 그저 핑계만 대며 살고 싶은지 묻는 것입니다.

그 사람이 대답합니다. "주님, 물이 움직일 때 나를 못에 넣어 줄 사람이 없어 내가 가는 동안에 다른 사람이 먼저 내려갑니다." 38년 동안 단 한 번도 물에 들어가지 못한 것은 도와줄 사람이 없었기 때문이라고 말합니다. 그는 자신의 무력함을 다른 사람 탓으로 돌리고 있습니다.

이때 예수님이 그에게 명령하십니다. "일어나 네 자리를 들고 걸어가라." 다른 사람 찾지 말고, 네가 일어나서 네가 들고 네가 걸어가라고 하십니다. 도와줄 사람을 찾아주시지 않았습니다. 물로 데려가시지도 않았습니다. 그저 네가 하라고 하십니다. 결국 어떻게 됩니까? 말씀대로 했을 때, 그 사람이 곧 나아서 자리를 들고 걸어갑니다. 38년 동안 누워 있던 사람이 예수님의 한마디에 일어난 것입니다.

이 사람의 삶을 얽매던 진짜 문제는 무엇이었을까요? 물일까요? 다른 사람일까요? 아닙니다. 예수님의 말씀이 없었던 것이었습니다. 그러나 "일어나라"라는 예수님의 명령이 임하자, 그 한마디로 그는 결국 일어납니다.

우리에게도 38년 같은 것이 있지 않습니까? 오래 묵은 습관, 고치지 못한 성격, 끊지 못한 관계, 벗어나지 못한 상황이 그것입니다. 할 수 없다는 핑계로, 도와줄 사람이 없다는 변명으로 그대로 누워 지내는 것들 말입니다. 하루하루 미루며 살아갑니다. 언젠가는 달라지겠지 하면서도 실제로는 아무것도 바뀌지 않습니다.

예수님이 오늘 당신에게 물으십니다. "정말 낫고 싶으냐?" 정말로 일어나고 싶습니까? 정말로 변화하기를 원합니까? 그렇다면 예수님의 음성을 들으십시오. "일어나서 네 자리를 들고 걸어가라."

더는 핑계 대지 마십시오. 멈춰 선 일상에 "일어나라"라고 말씀하시는 주님께 순종하십시오. 다시 걸을 수 있습니다.

■ 기도

일으켜 세우시는 주님, 저에게도 38년 같은 것들이 있습니다. 오래 누워 있던 습관들, 고치지 못한 약점들, 변명으로 포장한 나태함이 있습니다. 할 수 없다, 도와줄 사람이 없다 핑계만 대며 살았습니다. 주님, 용서하소서. 오늘 주님이 물으십니다. "네가 낫고자 하느냐?" 주님, 원합니다. 일어나고 싶습니다. 걷고 싶습니다. 멈춰 선 제 일상을 회복하고 싶습니다. "일어나 네 자리를 들고 걸어가라" 그 말씀에 순종하게 하소서. 주님의 능력으로 일어나 다시 걷게 하소서. 예수님의 이름으로 기도합니다. 아멘.

3일 02/20(금)

다시 섬기다

"나아가사 그 손을 잡아 일으키시니 열병이 떠나고 여자가 그들에게 수종드니라"

마가복음 1:31

안식일에 예수님께서 회당에 가십니다. 그곳에서 말씀을 전하신 뒤에, 귀신에 사로잡힌 사람도 고치십니다. 그러고 나서 예수님은 회당을 나와, 곧바로 시몬과 안드레의 집에 들어가십니다. 알고 보니 그 집에 시몬의 장모가 열병으로 누워서 아무것도 못 하는 상황이었습니다.

시몬의 집에 들어가신 예수님은 긍휼한 마음으로 장모에게 다가갑니다. 그리고 그저 그 손을 잡고 일으키십니다. 큰소리로 명령하시지도 않고, 화려한 기적을 행하시지도 않습니다. 그저 다가가셔서 손을 잡아 일으키셨을 뿐입니다. 그런데 놀라운 일이 일어납니다. 열병이 떠나고, 아무것도 못 하던 장모가 그 자리에서 벌떡 일어납니다. 예수님 손길 하나로 그녀의 몸에서 열이 내리고 건강이 회복됩니다.

그런데 진짜 주목할 것은 바로 다음에 일어난 일입니다. "여자가 그들에게 수종드니라." 방금 일어난 사람이 곧바로 섬기기 시작한 것입니다. 쉬어야 할 텐데, 그녀는 즉시 손님들을 섬깁니다. 자신을 낫게 하신 분에게, 그렇게라도 보답하고 싶었기 때문입니다.

바로 이것이 예수님께서 바라시는 진정한 회복입니다. 치유는 나만을 위한 것이 아니기 때문입니다. 치유의 목적은 나를 고쳐서 다른 사람을 섬기게 하는 것입니다. 베드로의 장모는 열병에서 나았지만, 거기서 멈추지 않았습니다. 나음을 받은 즉시 섬김으로 나아갔습니다. 회복의 목적은 나의 편안함이 아니라 섬김이기 때문입니다.

우리는 어떨까요? 혹시 받는 것에만 머물러 있는 건 아닐까요? 우리의 삶을 보면, 치유받고, 회복되고, 축복받기 원하면서도 섬기려 하지 않습니다. 이제 나았으니 내 인생 내가 살겠다며 예수님을 떠납니다. 은혜는 받았지만 감사는 없고, 치유는 받았지만 섬김은 없습니다. 나만 생각하며 살아갑니다. 그러나 진정한 회복은 섬김으로 완성됩니다. 받은 것을 나누지 않으면 회복은 불완전합니다.

베드로의 장모를 보십시오. 그녀는 노인이었을 것입니다. 방금 열병에서 나왔으니 몸이 약했을 것입니다. 충분히 쉴 이유가 있었습니다. 그러나 그녀는 섬겼습니다. 예수님이 손을 잡아 일으켜 주신 그 사랑에 감사하며, 자신이 할 수 있는 것으로 응답한 것입니다.

여러분은 무엇을 받았습니까? 어떤 치유를, 어떤 회복을, 어떤 축복을 받았습니까? 그것을 받기만 하고 끝냅니까, 아니면 섬김으로 나아갑니까? 회복이 나로 끝나지 않고 누군가를 섬기는 삶으로 이어지게 하십시오. 그것이 진정한 '다시, 삶'입니다.

■ 기도

일으켜 세우시는 주님, 감사합니다. 제 손을 잡아 일으켜 주심을 감사합니다. 열병 같은 고통에서 건져주심을 감사합니다. 그 손길이 얼마나 따뜻했는지, 그 음성이 얼마나 다정했는지 기억합니다. 이제 저도 일어나 섬기겠습니다. 베드로의 장모처럼 고침 받은 즉시 섬김으로 나아가겠습니다. 받은 은혜를 기억하며 누군가를 돌보는 손이 되게 하소서. 회복이 저로 끝나지 않고 다른 이를 살리는 삶으로 흐르게 하소서. 감사함으로 시작해 섬김으로 살아가게 하소서. 예수님의 이름으로 기도합니다. 아멘.

4일 02/21(토)

다시 따르다

"예수께서 이르시되 가라 네 믿음이 너를 구원하였느니라 하시니 그가 곧 보게 되어 예수를 길에서 따르니라" 마가복음 10:52

예수님이 제자들과 큰 무리와 함께 여리고 도시에서 나가실 때, 맹인이자 걸인이던 바디매오가 길가에 앉았다가 '나사렛 예수'라는 말을 듣고 소리 질러 이릅니다. "다윗의 자손 예수여, 나를 불쌍히 여기소서."

사람들이 그를 꾸짖으며 조용히 있으라고 면박을 줍니다. 하지만 그럴수록 그는 더욱 크게 소리칩니다. "다윗의 자손이시여, 나를 불쌍히 여겨 주십시오!" 체면도 자존심도 다 버린 절박한 부르짖음이었습니다. 왜 그랬을까요? 예수님이 그에게 마지막 희망이었기 때문입니다.

예수님이 잠시 멈추시더니 그를 부르라고 하십니다. 사람들이 그에게 "예수님이 부르신다"라고 하자 맹인은 겉옷을 내버리고 뛰어 일어나 예수님께 나아갑니다. 그 겉옷은 맹인에게 담요이자 침상이자 동냥 깔개였습니다. 그의 전부였고, 그의 재산이었습니다. 하지만 그는 그것조차 버리고 예수님께 나아갑니다.

예수님이 그에게 물으십니다. "내가 네게 무엇을 해주기를 원하느냐?" 예수님이 그의 소원을 모르셨을까요? 그러나 예수님은 그 소원을 그의 입으로 직접 말하게 하십니다. "선생님, 보고 싶습니다."

예수님이 말씀하십니다. "가거라. 네 믿음이 너를 구원했다." 바로 그 순간, 그의 눈이 열립니다. 세상이 보이고, 사람들이 보이고, 하늘이 보입니다. 무엇보다 자신을 고쳐 주신 예수님의 얼굴이 보였습니다. 이제 어디든 갈 수 있었고, 무엇이든

할 수 있었습니다.

그런데 바디매오는 어디로 갈까요? 집으로 돌아가지 않습니다. 장터에 가서 일자리를 찾지도 않습니다. 대신 그의 선택은 이랬습니다. "예수를 길에서 따르니라." 바디매오는 보게 하신 은혜에 머물지 않고, 그 은혜를 주신 분을 따르는 삶으로 나아간 것입니다. 그는 예수님이 가시는 길, '예루살렘으로, 십자가로 가는' 그 길을 따라갑니다.

많은 사람이 주님께 치유받고 회복되면 주님을 떠나 자기 갈 길을 갑니다. "이제 괜찮으니 내 인생 내가 살겠습니다, 감사했습니다"하고 말입니다. 하지만 진정한 회복은 주님을 따르는 일상으로 이어질 때 완성됩니다. 보게 된 그 눈으로 주님 가시는 길을 보고, 보게 된 그 순간부터 주님을 따른 바디매오처럼 말입니다.

여러분은 무엇을 보기 원하십니까? 그리고 보게 되면 어디로 가시겠습니까? 보게 하신 은혜를 받고도 주님을 떠나 내 길을 가려고 하지는 않습니까? 보게 하신 은혜에만 머물지 마십시오. 주님을 따르는 일상으로 나아가십시오. 회복은 주님을 따르는 삶으로 완성되기 때문입니다.

■ 기도

보게 하시는 주님, 저는 앞이 보이지 않아 갈 곳도 없고 할 일도 없었습니다. 그저 길가에 앉아 동냥하며 살았습니다. 그러나 주님이 지나가셨습니다. 제 부르짖음을 들으시고 멈춰 서셨습니다. 무엇을 원하느냐고 물으셨고, 제 믿음을 보시고 눈을 뜨게 하셨습니다. 주님, 감사합니다. 이제 보게 된 이 눈으로 주님이 가시는 길을 봅니다. 보게 하신 은혜에 머물지 않고 주님을 따르는 일상으로 나아가게 하소서. 제 인생이 아니라 주님의 길을 걷게 하소서. 십자가의 길이라 해도 주님을 따르게 하소서. 예수님의 이름으로 기도합니다. 아멘.

2주차

02월 23일 ~ 02월 28일

마음과 시선의 회복

〖묵상 시〗

죄책감이 묶어둔 마음
용서가 풀어주고

정죄의 눈길 아래 웅크렸던 영혼
'딸아' 한마디에
다시 일어섭니다

익숙한 종교의 틀을 깨뜨리시고
선입견의 벽을 허무시며
사랑의 눈으로
다시 보게 하십니다

많이 용서받은 자는
많이 사랑하게 되고
주님의 시선으로 세상을 보게 되어
마음과 시선이 회복되며
'다시, 삶'이 시작됩니다

5일 02/23(월)

죄 사함이 먼저다

"예수께서 그들의 믿음을 보시고 중풍병자에게 이르시되 작은 자야 네 죄 사함을 받았느니라 하시니" 마가복음 2:5

가버나움의 한 집에서 예수님이 말씀을 전하시자, 사람들이 문 앞까지 모여들었습니다. 그때 네 사람이 한 중풍병자를 들것에 메고 옵니다. 친구를 고치고 싶은 간절한 마음에 왔지만, 그들은 무리 때문에 예수님께 다가갈 수 없었습니다.

상식적으로는 포기하는 게 맞습니다. 그러나 그들은 포기하는 대신, 지붕으로 올라가서 남의 집 지붕을 뜯어냅니다. 그리고 구멍을 내어 중풍병자를 예수님 앞에 달아 내립니다. 말씀하시는 중에 갑자기 천장에서 사람이 내려옵니다. 놀라운 광경이지요.

예수님은 그들의 믿음을 보셨습니다. 지붕을 뜯을 만큼 절박한 믿음을 보시고, 중풍병자에게 말씀하십니다. "네 죄가 용서받았다." 사실 이것은 놀라운 선언이었습니다. 환자나 친구들이 기대했던 것은 질병의 고침이지, 죄 용서가 아니었고, 예수님이 죄 용서를 선언할 경우 시비에 걸릴 수 있었기 때문입니다. 실제로 그 자리에 있던 서기관들은 '이 사람이 하나님을 모독한다'라고 불편하게 생각했습니다. 사실 맞는 말입니다. 죄를 사할 수 있는 분은 오직 하나님뿐이니까요.

그러나 예수님은 개의치 않고 말씀하십니다. "'네 죄가 용서받았다'라는 말과 '일어나 네 자리를 가지고 걸어가라'라는 말 중 어느 것이 쉽겠느냐?" 그리고 중풍병자에게 말씀하십니다. "일어나서 네 자리를 가지고 집으로 가거라." 그 사람이 일어나 자리를 가지고 모든 사람 앞에서 나갑니다. 그러면서 이 중풍병자가 죄 용서까지 받았음을 보여주십니다.

예수님은 왜 죄 사함을 먼저 선언하셨을까요? 몸의 질병보다 먼저 해결해야 할 문제가 있기 때문입니다. 그것은 바로 죄의 문제입니다. 죄를 용서받지 못하면 아무리 몸이 낫고 상황이 좋아져도 진정한 치유가 아닙니다. 영혼이 병든 상태로는 진정한 평안이 없습니다.

우리도 겉으로 드러난 문제만 해결하려 합니다. 건강이나 경제적 어려움만 보지요. 이것들이 해결되기를 바랍니다. 그러나 예수님은 더 깊은 곳을 보십니다. 우리 마음의 죄책감, 수치심, 정죄감, 그리고 그 깊은 곳에 있는 죄의 문제! 그리고 먼저 그것을 해결하십니다.

죄 사함이 먼저입니다. 그다음에 다른 것들이 따라옵니다. 당신의 문제는 무엇입니까? 겉으로 드러난 것만 보지 마십시오. 더 깊은 죄책감이 있지 않습니까? 용서받지 못한 죄가 마음을 짓누르고 있지 않습니까? 예수님께 나아가십시오. 죄 사함을 받으십시오. 그것이 먼저입니다. 죄를 용서받으면 다른 문제들도 해결의 길이 열립니다.

■ 기도

죄를 사하시는 주님, 저는 겉으로 드러난 문제만 해결하려 했습니다. 몸의 질병, 관계의 어려움, 경제적 문제만 보았습니다. 그러나 주님은 더 깊은 곳을 보십니다. 제 마음의 죄책감과 수치심을 보십니다. 주님, 용서하소서. 제 문제의 겉이 아니라 깊은 곳의 죄책감을 먼저 만지시고 용서의 은혜로 다시 서게 하소서. "네 죄가 용서받았다." 그 선언을 듣게 하소서. 죄 사함이 먼저임을 깨닫게 하소서. 그리고 또 자리를 들고 일어나 다시 힘차게 걷게 하소서. 예수님의 이름으로 기도합니다. 아멘.

6일 02/24(화)

정죄가 멈추다

"대답하되 주여 없나이다 예수께서 이르시되 나도 너를 정죄하지 아니하노니 가서 다시는 죄를 범하지 말라 하시니라" 요한복음 8:11

이른 아침 예수님이 사람들을 가르치고 계실 때, 서기관들과 바리새인들이 한 여자를 끌고 옵니다. 그러더니 가운데 세워 놓고 예수님에게 묻습니다. "선생님, 이 여자가 간음하다가 현장에서 잡혔습니다. 모세는 율법에 이런 여자를 돌로 치라고 명했는데 선생님은 어떻게 말씀하시겠습니까?"

그들의 질문은 명백한 함정이었습니다. 돌로 치라 하면 사형을 금지하는 로마법을 어기는 것이고, 놓아주라 하면 간음을 금지하는 모세의 율법을 어기는 것이니까요.

예수님은 대답하지 않으시고 몸을 굽혀 손가락으로 땅에 쓰십니다. 무엇을 쓰셨을까요? 성경은 말하지 않지만, 어쩌면 그들의 죄를 쓰셨을지도 모릅니다. 그들이 "왜 이런 것을 쓰냐"라고 묻자 예수님이 일어나 말씀하십니다. "너희 중에 죄 없는 자가 먼저 돌로 치라." 그리고 다시 몸을 굽혀 땅에 쓰십니다.

그때 놀라운 일이 일어납니다. 돌을 들었던 사람들이 하나둘 돌을 내려놓고 떠나는 겁니다. 나이 많은 자부터 젊은 자까지, 양심의 가책을 받고 모두 떠납니다. 한 명씩 돌을 내려놓고 떠나자, 마침내 예수님과 그 여자만 남았습니다. 정죄하던 사람들은 다 사라지고, 정죄할 권리가 있는 유일한 분만 남으신 것이지요.

"여자여, 너를 고발하던 그들이 어디 있느냐? 너를 정죄한 자가 없느냐?" 여인이 울며 "주님, 없습니다"라고 하자, 예수님께서 말씀하십니다. "나도 너를 정죄하지 않을 것이니 가서 다시는 죄를 범하지 말라." 정죄할 권리가 있는 유일한 분도 이 여인을 정죄하는 대신, 기회 주시는 쪽을 선택하신 겁니다. 예수님은 왜 그러셨을까요? 그분이 바라시는 마음은 살리는 것이지 죽이는 것이 아니기 때문입니다.

그러나 우리는 내가 이기기 위해, 다른 사람을 수없이 정죄합니다. 저 사람의 실수를, 약점을, 죄를 지적하며 돌을 던지려 하지요. "나 같으면 저렇게 안 해", "저 사람 저렇게 살면 안 되지"라고 하며 판단합니다. 하지만 동시에 우리는 누군가로부터 정죄의 대상이 됩니다. 사람들의 시선이 두렵고, 비난이 무섭고, 수치심에 고개를 들지 못합니다. 간음한 여인처럼 사람들 앞에 큰 수치심을 느낍니다. 그러나 이러한 우리에게, 오늘 예수님이 말씀하십니다. "나도 너를 정죄하지 아니하노니."

혹시 이 시간 당신을 향해 돌을 던지려는 사람들이 있습니까? 그들은 결국 다 떠날 것입니다. 오직 예수님만 당신 곁에 남으실 것입니다. 그분의 음성을 들으십시오. "나도 너를 정죄하지 아니하노니." 주님은 그 사랑 안에서 당신을 묶던 정죄를 끊으시고 새 길로 다시 걷게 하십니다.

■ **기도**

정죄하지 않으시는 주님, 저는 부끄러운 모습으로 사람들 앞에 섰습니다. 정죄받아 마땅한 죄인이었고, 사람들이 돌을 들었습니다. 그러나 주님만이 저와 함께 계셨고, 정죄하지 않으셨습니다. 주님, 감사합니다. 저도 다른 사람을 향해 들었던 돌을 내려놓게 하소서. 저 역시 죄인임을 고백합니다. 동시에 사람들의 정죄를 두려워했던 제 마음을 치유하소서. "나도 너를 정죄하지 아니하노니." 그 말씀에 자유케 되어 나를 묶던 정죄를 끊어 주시고 새 길로 다시 걷게 하소서. 예수님의 이름으로 기도합니다. 아멘.

7일 02/25(수)

딸이라 부르시는 주님

"예수께서 이르시되 딸아 네 믿음이 너를 구원하였으니 평안히 가라 네 병에서 놓여 건강할지어다" 마가복음 5:34

예수님께서 회당장 야이로의 집으로 가고 있었습니다. 야이로의 죽어가는 딸을 고치려는 것이었습니다. 그때 큰 무리가 예수님을 따르는데, 그 속에 한 여자가 있었습니다. 12년 동안 만성 하혈을 앓는 여인! 아이가 태어나 학교에 들어갈 만큼 긴 세월 동안 그녀의 인생은 멈춰 있었습니다. 청춘을 잃었고, 가족과 떨어져 살았으며, 공동체에서 격리되었습니다.

많은 의사에게 찾아갔지만 효과가 없었고, 전 재산을 털어보았지만 나아지지 않았습니다. 그러나 더 큰 고통은 육체적인 것이 아니었습니다. 율법에 따르면 만성 하혈이 있는 여자는 부정했습니다. 그래서 회당에도 갈 수 없었고 공동체에서 격리되어야 했습니다. 아무도 만질 수 없고, 아무와도 함께할 수 없는 외로운 세월이었지요.

그러던 어느 날, 예수님에 관한 소문을 듣습니다. 그분이 병을 고치신다는 이야기를 들으며 여인의 마음에 작은 믿음이 생깁니다. "내가 그분의 옷만 만져도 구원을 받으리라." 그래서 여인은 무리를 뚫고 예수님께 다가갑니다. 부정한 몸으로 사람들 사이를 헤치고 나아가는 것은 율법을 어기는 행동이었습니다. 그러나 너무나 간절했기에, 혹시 모를 비난을 감수하며 예수님께 조용히 다가갑니다. 그리고 뒤에서 예수님의 옷자락을 만지는 순간, 놀라운 일이 일어납니다. 병이 싹 나은 것이었습니다.

바로 그때 예수님이 돌이켜 물으십니다. "누가 내 옷을 만졌느냐?" 제자들이 대답합니다. "무리가 에워싸 미는 것을 보시면서 누가 만졌냐고 물으십니까?" 그러나 예수님은 아셨습니다. 능력이 나간 것을 느끼셨지요. 그리고 하나님의 아들이셨던 예수님은 누가 만졌는지도 다 아셨습니다. 다만 솔직하게 나와서 자기 입으로 고백하기를 바라셔서 물으신 것이었습니다.

그 기대대로 여인이 두려워 떨며 나와 엎드려 사실대로 고합니다. 그때 예수님이 말씀하십니다. "딸아, 네 믿음이 너를 구원했다. 평안히 가거라. 이제 병에서 벗어나 건강하게 살아라." 12년 만에 처음으로 그녀는 '딸'이라 불립니다. 부정한 여자가 아니라 사랑받는 딸로, 격리된 자가 아니라 공동체의 일원으로, 환자가 아니라 온전한 사람으로 회복된 것입니다. 치유만 받은 것이 아니었습니다. 정체성이 회복되고, 소속이 회복되고, 인격이 회복되었습니다.

혹시 여인처럼 12년에 이르는 긴 고통을 겪는 분이 계십니까? 사람들이 알면 안 될 숨기고 싶은 아픔이 있습니까? 공동체에서 격리되어 외롭게 살고 있습니까? 예수님께 나아가십시오. 그분의 옷자락만 만져도 구원받을 것이고, 그분은 당신을 "딸아, 아들아"라고 부르실 것입니다. 숨겨 둔 상처까지 안으시며 '딸'이라 불러 주시는 그 사랑 안에서, 진정한 자유 누리게 되기를 기원합니다.

■ 기도

치유하시는 주님, 제게도 12년 같은 오랜 고통이 있습니다. 사람들에게 말하지 못하고 숨겨 온 아픔, 많은 것을 시도해 봤지만 나아지지 않는 상처가 있습니다. 격리되고 소외되어 공동체 밖에서 살았습니다. 주님, 저를 불쌍히 여기소서. 그 여인처럼 저도 주님 옷자락을 만지게 하소서. 무리를 뚫고 나아갈 용기를 주소서. 두려움과 수치심을 이기고 주님께 나아가게 하소서. 숨겨 둔 상처까지 안으시고 '딸'이라 불러 주시는 그 사랑으로 내 마음을 다시 자유케 하소서. 제 믿음이 저를 구원하게 하소서. 예수님의 이름으로 기도합니다. 아멘.

8일 02/26(목)

거듭남

"예수께서 대답하여 이르시되 진실로 진실로 네게 이르노니 사람이 거듭나지 아니하면 하나님의 나라를 볼 수 없느니라" 요한복음 3:3

한밤중, 어둠을 틈타 한 사람이 예수님을 찾아옵니다. 니고데모, 바리새인이자 유대인의 지도자입니다. 그는 낮에 올 수 없었습니다. 동료들의 시선이 두려웠기 때문이지요.

니고데모는 예수님을 보자마자 인사합니다. "선생님, 우리는 당신이 하나님에게서 오신 선생님인 줄 압니다. 하나님이 함께하시지 않으면 당신이 행하시는 이런 기적을 아무도 할 수 없습니다." 공손한 인사, 하지만 두려워서 진짜로 알고 싶은 진리를 묻지 못하는 그의 마음을 여실히 보여주는 인사입니다.

이때 그의 마음을 아신 예수님께서 그의 말을 끊고 핵심을 찌르십니다. "내가 진실로 네게 말한다. 사람이 거듭나지 않으면 하나님 나라를 볼 수 없다." 거듭난다고? 니고데모는 당황합니다. 사람은 두 번 태어날 수 없기 때문입니다. 성경을 많이 공부한 니고데모도 도저히 이해할 수 없었습니다. 과연 이 말씀은 무슨 뜻일까요?

그래서 예수님이 설명하십니다. "사람이 물과 성령으로 나지 않으면 하나님 나라에 들어갈 수 없다. 육으로 난 것은 육이요 영으로 난 것은 영이니, 내가 네게 거듭나야 한다고 말하는 것을 이상하게 여기지 마라." 즉, 육신으로 태어난 첫 번째 출생과 다르게, 영적으로 다시 새로운 사람이 되는 두 번째 출생이 있어야 한다는 뜻입니다.

니고데모는 이스라엘의 선생이었습니다. 수많은 제자를 가르쳤고, 율법에 정통

했으며, 사람들이 존경하는 지도자였습니다. 그러나 가장 중요한 것, 거듭남에 관해서는 알지 못했습니다. 학문은 많았지만 경험이 없었기 때문입니다. 지식은 풍부했지만 생명이 부족했지요.

이런 니고데모의 모습이 혹시 우리의 모습은 아닐까요? 많이 배우고, 오래 예수 믿고, 교회에서 직분도 있지만, 정작 거듭났는지는 확신하지 못하는 모습! 첫 번째 출생으로 만족하며 살아가는 모습! 익숙한 종교로, 습관적 신앙으로, 형식적 예배로 살아가며 거듭남 없이 종교 생활만 하는 우리 모습이 또 다른 니고데모의 삶입니다.

이런 우리에게 예수님은 거듭나지 않으면 하나님 나라를 볼 수 없다고 다시 말씀하십니다. 육신으로 난 것은 육신일 뿐이고, 영으로 나야 하나님 나라에 들어갈 수 있다고 말입니다. 여러분은 거듭났습니까? 육으로만 살고 있습니까, 아니면 영으로 새롭게 태어났습니까? 익숙한 종교로 만족하고 있습니까, 아니면 위로부터 난 새 생명을 경험했습니까? 익숙한 종교가 아니라 위로부터 난 새 생명이 여러분의 믿음을 다시 시작하게 하십시오.

■ 기도

새롭게 하시는 주님, 저는 니고데모처럼 많은 것을 알고 있다고 생각했습니다. 오래 신앙생활을 하고 교회에서 섬기며 살았지만, 정작 거듭남에 관해서는 확신이 없었습니다. 주님, 용서하소서. 육으로만 살며 영적인 것을 이해하지 못했습니다. 학문은 있었지만 생명이 없었고, 종교는 있었지만 경험이 없었습니다. 그래서 이 시간 간절히 기도합니다. 주님, 하나님 나라를 보게 하옵소서. 이를 위해 저를 새롭게 하소서. 성령으로 다시 태어나게 하소서. 익숙한 종교가 아니라 위로부터 난 새 생명으로 제 믿음을 다시 시작하게 하소서. 예수님의 이름으로 기도합니다. 아멘.

9일 02/27(금)

선입견의 벽이 무너지다

"예수께서 나다나엘이 자기에게 오는 것을 보시고 그를 가리켜 이르시되 보라 이는 참으로 이스라엘 사람이라 그 속에 간사한 것이 없도다" 요한복음 1:47

빌립이 나다나엘을 찾습니다. 그는 흥분한 목소리로 말합니다. "모세가 율법에 기록했고 여러 선지자가 기록한 그분을 우리가 만났어! 요셉의 아들인 나사렛 사람 예수야." 쉽게 말해서, 수백 년간 기다려온 구원자를 자기 눈으로 봤다는 것입니다.

그런데 이 놀라운 소식에, 나다나엘의 반응이 시큰둥합니다. "나사렛에서 무슨 선한 것이 날 수 있느냐?" 왜 그럴까요? 바로 편견을 갖고 있었기 때문입니다. 나사렛은 실제로 작고 보잘것없는 마을이었습니다. 메시아가 그런 곳에서 나올 리 없다고 생각한 것입니다.

이때 빌립이 말합니다. "한번 와서 직접 봐." 논쟁하지 않습니다. 증명하려 하지도 않습니다. 그저 직접 와서 보라고 합니다. 그래서 나다나엘이 예수님께 옵니다.

예수님이 나다나엘을 보시고 말씀하십니다. "이 사람은 참으로 진실한 이스라엘 사람이다. 그 속에 거짓이 없구나." 나다나엘이 놀라며 "어떻게 나를 아십니까?"라고 물으니, 예수님께서 대답하십니다. "빌립이 너를 부르기 전, 네가 무화과나무 아래 있을 때 이미 보았다." 당시 유대인들은 무화과나무 아래에서 기도하고 묵상했습니다. 나다나엘도 그곳에서 메시아를 기다리며 기도했을 것이고, 그 기도를 예수님이 보셨다는 것입니다.

이처럼 자신을 이미 아시는 예수님 앞에 나다나엘이 고백합니다. "선생님, 당신은 하나님의 아들이시요 이스라엘의 임금이십니다." 이렇게 나다나엘이 갖고 있던 선입견은 예수님 앞에서 모래성처럼 허물어집니다. 그리고 나다나엘은 진리 그 자체를 받아들일 수 있었고, 하나님께 쓰임 받는 인생이 될 수 있었습니다.

우리도 살다 보면, 편견이나 선입견을 자기도 모르게 만듭니다. 그리고 그 편견과 선입견으로 누군가를 판단합니다. 저 사람은 저럴 것이다. 저 교회는 저럴 것이다. 보기도 전에, 만나기도 전에 이미 판단합니다. 그리고 그 선입견 때문에 하나님의 역사를 놓칩니다. 편견 때문에 하나님의 복을 놓치고, 좁은 시각으로 그분의 큰 그림을 보지 못합니다.

이러한 편견과 선입견을 이겨내려면 어떻게 해야 할까요? 일단 직접 만나서 부딪히면 됩니다. 나다나엘처럼 직접 부딪히면, 선입견이 사라질 것입니다. 늦었다고 포기하지 않아도 됩니다. 우리가 직접 부딪히려고 할 때, 예수님께서 길을 여시기 때문입니다.

이제 우리 차례입니다. 당신에게는 어떤 선입견이 있습니까? 직접 만나십시오. 직접 경험하십시오. 판단의 습관을 내려놓고 사람 보는 시선을 다시 빚으십시오. 나사렛에서도 선한 것이 날 수 있습니다.

■ 기도

선입견을 깨뜨리시는 주님, 제게도 나다나엘 같은 선입견이 있습니다. 보기도 전에 판단하고 만나기도 전에 정죄하며, 알아보기도 전에 거부했습니다. "나사렛에서 무슨 선한 것이 날 수 있느냐"라고 하며 주님의 역사를 놓쳤습니다. 주님, 용서하소서. 제 판단의 습관을 내려놓게 하소서. 사람 보는 시선을 다시 빚어 주소서. 직접 만나 보자는 그 초대에 응답하게 하소서. 선입견의 벽을 무너뜨리시고 주님의 눈으로 사람을 보게 하소서. 거짓 없이 진실하게, 주님을 따르며 살게 하소서. 예수님의 이름으로 기도합니다. 아멘.

10일 02/28(토)

많이 사랑하는 이유

"이러므로 내가 네게 말하노니 그의 많은 죄가 사하여졌도다 이는 그의 사랑함이 많음이라 사함을 받은 일이 적은 자는 적게 사랑하느니라" 누가복음 7:47

바리새인 시몬의 집에, 예수님이 식사를 초대받습니다. 물론 시몬이 예수님을 순수한 마음으로 초대한 것은 아니었습니다. 테스트하려는 마음도 있었습니다. 그런데 한 여자가 들어옵니다. 초대받지 않은 여자입니다. 그 동네에서 죄인으로 알려진 여자였지요.

향유 담은 옥합을 가지고 예수님의 뒤로 그 발 곁에 서서 울며 눈물로 그 발을 적십니다. 눈물이 쏟아집니다. 그녀는 감정을 억제하지 못했습니다. 자기 머리털로 씻고, 그 발에 입 맞추고, 향유를 부었습니다. 값비싼 향유였을 것입니다. 아마도 가진 전부였을 것인데, 그녀는 그것을 아낌없이 부었습니다.

시몬이 마음에 생각합니다. "이 사람이 정말 선지자라면 자기를 만지는 이 여자가 누구인지, 곧 죄인인 줄 알았을 것이다." 그는 예수님을 비웃고 경멸합니다.

이때 예수님이 말씀하십니다. "시몬아 내가 네게 이를 말이 있다." 그리고 한 비유를 들려주십니다. "두 빚진 자가 있어 한 사람은 오백 데나리온을 졌고 한 사람은 오십 데나리온을 졌는데, 갚을 것이 없다고 해서 주인이 둘 다 탕감하여 주었다. 둘 중에 누가 그를 더 사랑하겠느냐?" 시몬이 대답합니다. "많이 탕감받은 자입니다."

예수님이 여자를 돌아보시며 시몬에게 말씀하십니다. "이 여자를 보느냐? 내가 네 집에 들어왔을 때 너는 내게 발 씻을 물도 주지 않았지만, 이 여자는 눈물로 내 발을 적시고 그 머리털로 씻었다. 너는 내게 입 맞추지 않았지만 이 여자는 내가 들어올 때부터 내 발에 입 맞추기를 그치지 않았다. 너는 내 머리에 올리브유도 붓지 않았지만, 이 여자는 향유를 내 발에 부었다."

그리고 말씀하십니다. "그러므로 내가 네게 말한다. 그녀의 많은 죄가 용서받았다. 그녀가 많이 사랑했기 때문이다. 적게 용서받은 사람은 적게 사랑한다." 많이 용서받은 사람이 많이 사랑합니다.

시몬은 자신을 의인으로 여겼습니다. 용서받을 것이 별로 없다고 생각했고, 그래서 사랑도 적었습니다. 하지만 그 여자는 자신이 큰 죄인임을 알았습니다. 그리고 그 죄가 용서받았음을 믿었고, 그래서 눈물로 발을 씻고, 입을 맞추고, 향유를 부었습니다. 많이 용서받았으니 많이 사랑한 것입니다.

여러분은 얼마나 용서받았습니까? 오백 데나리온입니까, 오십 데나리온입니까? 자신을 의인이라 여기며 형식적으로 예수님을 믿고 있습니까? 많이 용서받은 사람답게 많이 사랑하며 사랑이 일상이 되는 '다시, 삶'을 살고 있습니까? 이제 달라질 때입니다.

■ 기도

용서하시는 주님, 저는 시몬처럼 제 죄가 작다고 생각했습니다. 용서받을 것이 별로 없다고 여기며 주님을 사랑하지 않았습니다. 형식적으로 섬기고, 의무적으로 예배하며, 진정한 사랑 없이 살았습니다. 주님, 용서하소서. 제가 얼마나 큰 죄인인지 깨닫게 하소서. 오백 데나리온 빚진 자임을 알게 하소서. 그리고 그 많은 죄가 용서받았음을 알게 하소서. 많이 용서받은 사람답게 많이 사랑하게 하소서. 눈물로, 머리털로, 향유로 주님을 사랑하게 하소서. 사랑이 일상이 되는 '다시, 삶'을 살게 하소서. 예수님의 이름으로 기도합니다. 아멘.

3주차

03월 02일 ~ 03월 07일

경계 너머의 손길

『묵상 시』

아무도 닿지 않던 자리에
주님의 손이 먼저 닿습니다
"부정하다" 외치던 입이
"깨끗하게 되었다" 노래합니다

한낮 우물가 숨은 여인에게
주님이 먼저 말을 거십니다
정오의 외로움이
증거의 용기로 타오릅니다

나무 위에 숨었던 이름을
주님이 불러 주십니다
소외되었던 집에
구원이 찾아옵니다

경계가 무너지고
담이 허물어지며
소외되었던 자들이
다시 공동체 안에 섭니다

손 내미시는 주님
말 거시는 주님
이름 부르시는 주님께서
'다시, 삶'을 시작하게 하십니다

11일 03/02(월)

손 내미시는 주님

"예수께서 불쌍히 여기사 손을 내밀어 그에게 대시며 이르시되 내가 원하노니 깨끗함을 받으라 하시니" 마가복음 1:41

한 나병 환자가 예수님께 와서 무릎을 꿇고 간구합니다. "원하시면 저를 깨끗하게 하실 수 있습니다." 공손한 말투이지만, 매우 간절함이 묻어나는 간구! 이 환자는 왜 간절하게 예수님께 간구할까요?

나병은 당시 가장 무서운 질병이었습니다. 몸이 아픈 것도 문제였지만, 더 큰 고통은 사회적으로 격리된다는 것이었습니다. 나병에 걸리면 공동체에서 쫓겨나야 했습니다. 사람이 가까이 오면 "부정하다"라고 외쳐야 했습니다. 마을에도 회당에도 갈 수 없었고 정상적인 삶을 살 수 없었습니다

그런 사람이 예수님께 왔습니다. 율법을 어긴 것입니다. 사람들 곁에 오면 안 되는데 왔습니다. 하지만 그는 더 이상 참을 수 없었습니다. 예수님만이 희망이었기 때문입니다. 물론 이것은 나병 환자의 입장일 뿐, 예수님의 입장은 다를 수도 있었습니다. 자신 같은 부정한 사람을, 그것도 율법을 어기는 상황을 감수하면서 고치기를 원하실지, 알 수 없는 일이었습니다.

예수님의 선택은 어땠을까요? 놀랍게도 예수님께서 이 나병 환자에게 손을 내미십니다. 그리고 그의 몸을 만지십니다. 아무도 만지지 않던 그 몸을 예수님이 만지십니다. 율법을 어기는 행동입니다. 나병 환자를 만지면 부정하게 됩니다. 7일 동안 격리되어야 합니다. 그러나 예수님은 개의치 않으십니다. 율법보다 사랑이 먼저입니다. 규칙보다 긍휼이 먼저입니다.

"내가 원한다. 깨끗하게 되어라." 예수님께서도 원하십니다. 나병 환자를 고치기 원하신다는 말씀으로, 그의 불안한 마음을 위로하십니다. 바로 그때 말씀과 함께 나병이 떠나고 그가 깨끗하게 됩니다. 순간적인 치유입니다. 완전한 회복이지요.

물론 예수님의 손길은 치유만 가져온 게 아니었습니다. 치유와 동시에 정체성의 회복, 공동체로의 복귀도 함께 가져옵니다. 이제 그는 "부정하다"라고 외치지 않아도 됩니다. 사람들을 피하지 않아도 됩니다. 가족에게 돌아갈 수 있습니다. 공동체 안에 다시 설 수 있게 됩니다.

우리도 마찬가지입니다. 누구라도 예수님이 손대시면 회복될 수 있습니다. 혹시 지금 아무도 만지지 않는 자리에 있습니까? 모두가 피하는 상황에 있습니까? 부정하다고, 가까이 오지 말라고 외치고 있습니까? 혹은 마음속으로 자신을 부정하다 여기며 살고 있습니까? 예수님이 손을 내미십니다. 당신을 만지십니다. 그리고 말씀하십니다. "내가 원하노니 깨끗함을 받으라." 주님은 당신을 회복시키기 원하십니다. 공동체 안에 다시 서게 하기 원하십니다.

■ 기도

손 내미시는 주님, 저는 나병 환자처럼 아무도 만지지 않던 자리에 있었습니다. 모두가 멀리했고, 저 자신도 "부정하다"라고 외치며 살았습니다. 그러나 주님은 손을 내미셨습니다. 사람들이 피하던 제 자리에도 손 내미시고 저를 만지셨습니다. 주님, 감사합니다. "내가 원한다. 깨끗하게 되어라" 그 말씀을 듣게 하소서. 육체만이 아니라 마음도, 관계도, 정체성도 회복하게 하소서. 공동체 안에 다시 서게 하소서. 더 이상 "부정하다"라고 외치지 않고 "깨끗하게 되었다"라고 고백하며 살게 하소서. 예수님의 이름으로 기도합니다. 아멘.

한가운데에 일어서라

"예수께서 손 마른 사람에게 이르시되 한 가운데에 일어서라 하시고" 마가복음 3:3

예수님이 다시 회당에 들어가십니다. 거기 한쪽 손이 마른, 근육이 사라지고 사실상 마비된 사람이 있습니다. 사람들이 예수님을 주시합니다. 안식일에 병을 고치시는지 보려는 것입니다. 고치시면 고발하려고 지켜보는 것이지요.

회당 구석에 앉아 있는 손 마른 사람! 그는 사람들 눈에 띄지 않는 곳에 숨어 있었을 것입니다. 일도 할 수 없고, 사람들 앞에 나서기도 부끄러웠을 것입니다. 회당에 와도 구석에 숨어 있는 것이 편했을 것입니다. 사람들의 시선을 피하고 싶었을 것입니다.

그런데 예수님께서 그를 보십니다. 그리고 말씀하십니다. "한가운데 일어서라." 이 사람의 소원과 달리, 예수님은 숨고 싶은 사람을 한가운데 세우십니다. 모든 사람이 보는 가운데 일어나게 하십니다. 부끄러운 손을, 마른 손을 모두에게 드러내게 하십니다.

그 사람이 일어섭니다. 한가운데로 나옵니다. 사람들의 시선이 그에게 쏠립니다. 부끄럽습니다. 떨립니다. 그러나 예수님이 부르셨기에 나섭니다.

예수님께서 이 사람을 놓고, 사람들에게 물으십니다. "안식일에 선을 행하는 것과 악을 행하는 것. 생명을 구하는 것과 죽이는 것. 어느 것이 옳으냐?" 그 순간 모두가 침묵합니다. 왜 침묵할까요? 생명 구하는 것이 더 소중한 것을 알지만, 예수님의 의도에 끌려간다는 생각이 들자 인정하고 싶지 않은 것이었습니다.

이 마음에 예수님께서 안타깝게 생각하시며 그들을 둘러보시더니, 가운데 선 그 사람에게 말씀하십니다. "네 손을 내밀라." 그가 손을 내밉니다. 그러자 그 손이 회복됩니다. 마른 손이 온전해집니다. 한가운데 섰을 때 회복이 일어났습니다. 사람들 앞에 드러났을 때 치유가 일어났습니다.

우리도 그렇지 않습니까? 부끄러운 것이 있습니다. 온전하지 못한 부분이 있습니다. 그래서 숨어버립니다. 구석에 앉습니다. 사람들 눈에 띄지 않으려 합니다. 그러나 예수님이 말씀하십니다. "한가운데 일어서라." 숨지 말고 나오라고 하십니다. 두려워하지 말고 일어서라고 하십니다.

이제 우리 차례입니다. 혹시 여러분도 숨고 있습니까? 구석에 앉아 있습니까? 온전하지 못하다고 생각하며 사람들을 피하고 있습니까? 예수님이 부르십니다. "한가운데 일어서라." 그곳에서 회복이 일어납니다. 사람들 앞에 섰을 때 치유가 일어납니다. 손을 내밀 때 온전함을 받습니다. 두려움의 벽을 걷어내고 다시 사람들 가운데 서게 됩니다.

■ **기도**

한가운데 세우시는 주님, 저는 숨고 싶었습니다. 온전하지 못한 제 모습이 부끄러워 구석에 앉아 있었습니다. 사람들 눈에 띄지 않으려 했고, 드러나지 않으려 했습니다. 그러나 주님이 부르십니다. 한가운데 일어서라고 하십니다. 주님, 두렵습니다. 그러나 순종하겠습니다. 한가운데 일어서게 하소서. 숨던 자리에서 나와 사람들 가운데 서게 하소서. 그곳에서 회복하게 하소서. 손을 내밀 때 온전함을 받게 하소서. 다시 사람들 가운데 서는 용기를 주소서. 예수님의 이름으로 기도합니다. 아멘.

잃어버린 자를 찾아오심

"인자가 온 것은 잃어버린 자를 찾아 구원하려 함이니라" 누가복음 19:10

예수님이 제자들과 함께 여리고 도시를 지나가고 계셨습니다. 그런데 이 여리고에 삭개오라는 사람이 있습니다. 그는 동족에게 세금을 거둬 로마에 바치는 세리의 우두머리였습니다. 그 과정에서 이익을 남겨 큰 부자가 되었습니다.

그는 예수님이 어떠한 사람인가 보고 싶었습니다. 그러나 키가 작고 사람이 많아 할 수 없습니다. 게다가 사회적으로 사람들에게 무시당하다 보니 어느 도움도 받을 수 없습니다. 이런 삭개오가 어떻게 했을까요? 그는 앞으로 달려가 예수님을 보기 위해 돌무화과나무에 올라갑니다. 어른이, 그것도 부자가 나무에 오릅니다. 체면도 자존심도 다 버렸습니다. 사람들이 비웃었을 것입니다. 그러나 그는 개의치 않았습니다. 예수님을 보고 싶었습니다.

그런데 바로 그 나무 밑을 지나가시던 예수님이 갑자기 멈추십니다. 그리고는 위를 보며 말씀하십니다. "삭개오야, 빨리 내려오너라. 내가 오늘 네 집에 머물러야 하겠다." 삭개오의 이름을 부르시며, 그의 집에 가겠다고 하십니다. 삭개오가 예수님을 찾은 것이 아니라 예수님이 삭개오를 찾으신 것입니다.

삭개오가 급히 내려와 즐거워하며 영접합니다. 무리가 보고 수군거립니다. 저 사람이 죄인의 집에 들어갔다고요. 그러나 예수님은 개의치 않으시고 삭개오와 함께 식사하십니다. 이에 감동 받은 삭개오가 예수님께 맹세합니다. "주님, 제 재산의 절반을 가난한 사람들에게 주겠습니다. 그리고 누구에게서 부당하게 빼앗은 것이 있다면 네 배로 갚겠습니다." 율법은 두 배를 요구하지만, 그는 네 배를 갚겠다고 합니다. 실제로 이렇게 하면 삭개오는 알거지가 됩니다. 그러나 삭개오는 상관하지 않습니다. 예수님을 만나자 그의 가치관이 완전히 바뀐 것입니다.

이 말씀에 예수님이 말씀하십니다. "오늘 구원이 이 집에 이르렀다. 인자가 온 것은 잃어버린 자를 찾아 구원하기 위함이다."

삭개오는 잃어버린 자였습니다. 부자였지만 잃어버린 자였습니다. 사람들의 비난 속에서, 소외 속에서, 외로움 속에서 잃어버린 자로 살았습니다. 그러나 예수님이 찾아오셨을 때, 그의 이름을 부르셨을 때, 그의 집에 들어가셨을 때, 삭개오의 인생은 외면당하는 인생에서 모두에게 사랑받는 인생으로 바뀝니다.

예수님을 만나면 과거는 중요하지 않습니다. 혹시 여러분도 잃어버린 자처럼 살고 있습니까? 사람들 가운데 있지만 외롭습니까? 많이 가졌지만 비어 있습니까? 예수님이 당신을 찾아오십니다. 당신의 이름을 부르십니다. 당신의 삶에 들어오기 원하십니다. 내려오십시오. 영접하십시오. 구원이 당신의 집에 이를 것입니다.

■ **기도**

찾아오시는 주님, 저는 삭개오처럼 잃어버린 자였습니다. 사람들 가운데 있지만 외로웠고, 많이 가졌지만 비어 있었으며, 성공했지만 소외되었습니다. 나무에 올라가 멀리서만 주님을 바라보았습니다. 그러나 주님이 저를 찾아오셨습니다. 제 이름을 부르시고 제 집에 들어오기를 원하셨습니다. 주님, 감사합니다. 내려와 주님을 영접하게 하소서. 주님을 만나 가치관이 바뀌게 하소서. 내 관계와 소속이 다시 회복되게 하소서. 오늘 구원이 이 집에 이르게 하소서. 예수님의 이름으로 기도합니다. 아멘.

14일 03/05(목)

감사로 돌아오다

"그에게 이르시되 일어나 가라 네 믿음이 너를 구원하였느니라 하시더라" 누가복음 17:19

예수님이 예루살렘으로 가시던 중, 사마리아와 갈릴리 사이로 지나가십니다. 한 마을에 들어가시니 나병 환자 열 명이 예수를 만나 멀리 서서 소리를 높여 이릅니다. "예수 선생님, 우리를 불쌍히 여겨 주십시오." 아홉 명의 유대인과 한 명의 사마리아인이 예수님께 부르짖습니다. 멀리서입니다. 가까이 갈 수 없기 때문입니다.

그러나 그들의 마음은 예수님께 가까이 닿은 모양입니다. 그들을 불쌍히 여기신 예수님께서 말씀하십니다. "가서 제사장들에게 너희 몸을 보여라." 이상한 명령입니다. 아직 낫지도 않았는데 제사장에게 가라고 하십니다. 율법에 따르면, 나병이 나으면 제사장에게 가서 확인을 받아야 했습니다. 그러나 지금은 아직 낫지 않았습니다. 믿음을 요구하시는 것입니다.

이 열 명의 환자들은 어떻게 했을까요? 믿고 출발합니다. 그리고 잠시 후 그들에게 놀라운 일이 일어납니다. 가다가 병이 나은 겁니다. 순종하며 가는 중에 나은 것입니다. 열 명 모두 나았습니다. 이제 그들은 가족에게 돌아갈 수 있습니다. 공동체로 돌아갈 수 있습니다. 정상적인 삶을 살 수 있지요.

그런데 열 명 중 한 사람이 놀라며 예수님 앞에 다시 옵니다. 그리고 하나님께 영광을 돌리며 예수님의 발 아래에 엎드려 감사합니다. 그는 바로 사마리아 사람이었습니다. 예수님이 말씀하십니다. "열 명이 다 깨끗함을 받지 않았느냐? 그런데 이 사람 말고는 하나님께 영광을 돌리러 돌아온 자가 없느냐?" 서운함이 묻어납니다. 열 명을 고쳤는데 한 명만 돌아온 겁니다.

아홉 명과는 다른 길을 간 이 한 사람! 그는 어떻게 될까요? 예수님께서 그에게 말씀하십니다. "일어나 가거라. 네 믿음이 너를 구원했다." 이 사람에게는 영혼의 구원도 선언하십니다. 보십시오. 열 명 모두 육체는 낫습니다. 그러나 감사로 돌아온 단 한 사람의 영혼만 구원받습니다.

우리도 종종 문제가 해결되는 것에 초점을 맞춥니다. 그러나 정작 문제가 해결된 그 뒤의 일은 잊어버립니다. 기도하고, 응답받고, 감사는 잊고 삽니다. 고침 받고, 축복받고, 감사는 잊고 삽니다. 은혜는 받지만 감사로 돌아가지 않습니다. 그러나 진정한 구원은 감사로 돌아올 때 완성됩니다. 그런 점에서 이제 생각할 때입니다. 여러분은 어떤 치유를 받았습니까? 어떤 축복을 받았습니까? 받고 그냥 갔습니까, 아니면 감사로 돌아왔습니까? 아홉 명이 아니라 한 명이 되십시오. 고침에서 멈추지 말고 감사로 돌아와 구원이 깊어지는 삶을 사십시오.

■ 기도

치유하시는 주님, 저도 열 명 중 아홉처럼 살았습니다. 기도하고 응답받지만 감사는 잊었습니다. 주님께 돌아가지 않고 제 갈 길만 갔습니다. 받은 은혜를 기억하지 못했고 감사를 잊고 살았습니다. 주님, 용서하소서. 한 명처럼 감사로 돌아오게 하소서. 받은 은혜를 기억하고 주님께 영광 돌리게 하소서. 고침에서 멈추지 않고 감사로 돌아와 구원이 깊어지는 삶을 살게 하소서. 매일 주님 앞에 엎드려 감사하며 살게 하소서. 예수님의 이름으로 기도합니다. 아멘.

15일 03/06(금)

마을로 돌아가 전하다

"여자가 물동이를 버려 두고 동네로 들어가서 사람들에게 이르되 내가 행한 모든 일을 내게 말한 사람을 와서 보라 이는 그리스도가 아니냐 하니" 요한복음 4:28~29

사마리아 도시 부근, 야곱의 우물가에서 예수님과 한 여인이 대화를 나누고 있습니다. 이 여인은 정오에 혼자 물을 길으러 왔다가 마침 그곳에 계시던 예수님과 만났습니다. 예수님은 그녀의 과거를 아셨습니다. 다섯 번의 이혼, 지금 동거하는 남자! 그 모든 것을 아시면서도 예수님은 여인을 정죄하지 않으시고 영혼의 갈증을 채울 생수에 관해 말씀하십니다.

그 이야기를 듣는데, 여인의 마음이 뜨거워집니다. 그리고 잠시 후 여자는 물동이를 버려두고 동네로 들어갑니다. 물을 길으러 왔는데 물동이를 버려둔 채 돌아갑니다. 왜일까요? 물보다 더 중요한 것을 발견했기 때문입니다. 영혼의 목마름을 채울 생수를 만났기 때문입니다.

동네로 들어간 여인은 사람들을 붙잡고 이야기합니다. "제 이야기를 들어보세요. 제 과거 아시잖아요? 그런데 정말 놀라운 분을 만났습니다. 진짜 구원자를 만났습니다." 그동안 사람들을 피해 다녔던 그녀가 이제 사람들 속으로 들어간 겁니다. 자신의 숨기던 과거를 고백합니다. 부끄러워하던 삶을 드러냅니다. 이제 숨지 않습니다.

얼마 뒤, 사람들이 마을에서 나와 예수님을 찾아옵니다. 여인의 증언을 듣고 예수님께 나온 겁니다. 그리고 여인의 증언을 통해 예수님을 만난 사람들이, 이제는 예수님을 직접 믿기 시작합니다. 그 시작이 무엇이었습니까? 그 여자의 말, 즉 "제가 행한 모든 것을 그가 제게 말했어요."라는 증언이었습니다.

보십시오. 한 사람의 증거가 한 마을을 변화시켰습니다. 숨어 살던 한 여인이 마을로 돌아가 증거했고, 그 증거로 많은 사람이 예수님께 나왔습니다. 생수를 마신 사람은 혼자 머물지 않습니다. 공동체로 돌아가 나눕니다.

우리도 그렇습니다. 우리에게 어떤 과거가 있든 중요하지 않습니다. 영혼의 생수를 마시면, 부끄러운 과거까지도 증언할 수 있는 용기의 사람이 됩니다. 숨어 살던 사람이 나서는 사람이 됩니다. 피하던 사람이 찾아가는 사람이 됩니다.

여러분은 영혼의 생수를 만나셨습니까? 진짜 그 생수를 주실 예수님을 만났습니까? 이제 예수님을 만나십시오. 그리고 물동이를 버려두고 마을로 돌아가십시오. 사람들을 피하던 삶을 멈추고 그들에게 나아가십시오. 부끄러웠던 과거도 용기 있게 증언하며, 예수님을 전하십시오. 당신의 증언을 통해 누군가 예수님을 만날 것입니다.

■ **기도**

생수를 주시는 주님, 저는 사마리아 여인처럼 예수님을 만났습니다. 생수를 다셨습니다. 다시는 목마르지 않는 영생의 샘물을 받았습니다. 그러나 혼자 머물렀습니다. 사람들에게 돌아가지 않았고, 증거하지 않았습니다. 주님, 용서하소서. 물동이를 버려두고 마을로 돌아가게 하소서. 숨던 삶을 멈추고 담대히 증거하는 삶을 살게 하소서. 부끄러웠던 과거도 증거의 도구가 되게 하소서. 담대히 증거하게 하소서. 제 증거로 누군가 예수님을 만나게 하소서. 예수님의 이름으로 기도합니다. 아멘.

다시 함께하다

"그들이 사도의 가르침을 받아 서로 교제하고 떡을 떼며 오로지 기도하기를 힘쓰니라… 날마다 마음을 같이하여 성전에 모이기를 힘쓰고 집에서 떡을 떼며 기쁨과 순전한 마음으로 음식을 먹고" 사도행전 2:42, 46

오순절에 성령께서 임하시고, 예루살렘 교회가 세워집니다. 예루살렘 교회는 어떤 모습으로 예수님을 믿었을까요? 예수님을 따르던 제자들이, 성령을 받은 믿는 사람들이 모였습니다. 그들은 함께 있었습니다. "믿는 사람이 다 함께 있어." 함께함이 먼저입니다. 흩어지지 않고 모였습니다. 따로 살지 않고 함께했습니다.

그들이 사도의 가르침을 받았습니다. 말씀을 들었습니다. 혼자가 아니라 함께 들었습니다. 서로 교제했습니다. 그리고 삶을 나눕니다. 기쁨도 슬픔도, 넉넉함도 부족함도 함께 나누는 것입니다. 그 대표적인 모습이 함께 식사하는 것입니다. 식구가 되는 것은 중요합니다.

또한 그들은 기도하기를 힘썼습니다. 그것도 함께 기도합니다. 한목소리로, 한마음으로 기도했습니다. 이것이 초대교회의 첫 모습입니다. 말씀, 교제, 성찬, 기도. 이 네 가지가 그들을 하나로 묶었습니다.

더 놀라운 것은 그들의 삶의 모습입니다. "모든 물건을 서로 통용하고." 내 것 네 것이 없었습니다. 재산과 소유를 팔아 각 사람의 필요를 따라 나누어 주었습니다. 강요가 아니었습니다. 자발적이었습니다. 형제의 필요를 보면 자기 것을 팔아서라도 나누어 주었습니다.

성경은 이런 삶이 날마다 이어졌다고 증언합니다. "날마다 마음을 같이하여 성전에 모이기를 힘쓰고." 가끔이 아닌 날마다 마음을 같이합니다. 억지가 아니라 자원함으로, 의무가 아니라 기쁨으로 모였습니다. 집에서 떡을 떼며 기쁨과 순전한 마음으로 음식을 먹었습니다. 기쁨이 있었습니다. 순전한 마음이 있었습니다. 형식이 아니라 진심이었습니다.

성경은 이런 예루살렘 교회의 모습을 가장 이상적인 공동체로 이야기합니다. 소외되었던 자들이 다시 함께하는 곳! 나병환자가 깨끗함을 받고 공동체로 돌아오고, 우물가에 숨었던 여인이 마을로 돌아가 자신의 삶을 나누고, 나무 위에 올라갔던 삭개오가 구원받아 공동체 안에 서는 공동체! 하나님은 이런 공동체가 지금도 계속 이어지기를 원하십니다.

그런 점에서 여러분은 혼자입니까, 함께입니까? 격리되어 있습니까, 공동체 안에 있습니까? 형식적으로 모이고 있습니까, 진심으로 교제하고 있습니까? 초대교회처럼 다시 함께하십시오. 말씀과 교제와 떡을 떼고 기도하며, 진정한 공동체를 이루십시오. 나만의 삶이 아니라 함께하는 삶으로 '다시, 삶'을 사십시오.

■ **기도**

함께하게 하시는 주님, 저는 혼자 살았습니다. 공동체 안에 있었지만 진정으로 함께하지 않았습니다. 형식적으로 모였지만 서로 교제하지 않았고, 떡을 떼었지만 나누지 않았습니다. 주님, 용서하소서. 초대교회처럼 다시 함께하게 하소서. 사도의 가르침을 받아 서로 교제하고 떡을 떼며 기도하는 공동체를 이루게 하소서. 마음을 같이하여 모이게 하소서. 기쁨과 순전한 마음으로 나누게 하소서. 격리가 아니라 함께함으로, 혼자가 아니라 공동체로 '다시, 삶'을 살게 하소서. 예수님의 이름으로 기도합니다. 아멘.

4주차

03월 09일 ~ 03월 14일

무엇이 참으로 소중한가

〖묵상 시〗

분주함을 멈추고
주님 발 앞에 앉습니다
한 가지를 선택하는 자리
다시 우선순위를 세웁니다

많이 가졌지만 비어 있습니다
채웠지만 갈증납니다
붙잡은 것을 내려놓을 때
진정한 자유가 찾아옵니다

적게 드렸지만
전부를 드렸습니다
양이 아니라 마음을
주님이 보십니다

크고 싶어 하던 마음
섬김으로 바뀝니다
쌓아두던 인생에서
나누는 삶으로 돌아섭니다

세상의 기준이 아닌
하나님의 기준으로
가치를 다시 세우고
'다시, 삶'을 시작합니다

17일 03/09(월)

한 가지를 다시 선택하다

"주께서 대답하여 이르시되 마르다야 마르다야 네가 많은 일로 염려하고 근심하나 몇 가지만 하든지 혹은 한 가지만이라도 족하니라 마리아는 이 좋은 편을 택하였으니 빼앗기지 아니하리라 하시니라" 누가복음 10:41~42

예수님께서 예루살렘 인근 베다니라는 마을에 들어가십니다. 그러자 마르다라는 여인이 자기 집으로 영접합니다. 이 마르다에게 마리아라는 동생이 있는데, 그날따라 언니의 속을 태웁니다.

마르다는 지금 마음이 분주합니다. 예수님을 잘 대접하고 싶습니다. 음식도 준비해야 하고, 손님들도 챙겨야 하고, 할 일이 많습니다. 정성을 다하고 싶습니다. 그런데 동생은 앉아서 말씀만 듣고 있습니다. 일은 하지 않고, 예수님 앞에 앉아서 말씀을 듣고 있습니다. 마르다는 화가 납니다. 불공평하게 느껴집니다. 예수님께 나아와 말합니다. "주님, 제 동생이 저 혼자 일하게 두는 것을 생각하지 않으십니까? 저를 도와주라고 동생에게 말씀해 주십시오."

누구라도 이런 불만이 생기는 게 당연합니다. 그런데 이때 예수님이 대답하십니다. "마르다야 마르다야, 너는 많은 일로 염려하고 근심하는구나. 그러나 몇 가지만 하든지 혹은 한 가지만이라도 충분하다." 예수님은 애정을 담아서 마르다를 두 번이나 부르십니다. 그리고 안타까워하며 말씀하십니다.

그러면서 꼭 하고 싶으신 말씀을 하십니다. "마리아는 이 좋은 편을 택했으니 빼앗기지 않을 것이다." 마리아가 선택한 것은 주님의 발치에 앉아 말씀을 듣는 것입니다. 일을 하지 않은 것이 아니라 더 중요한 것을 선택한 것입니다. 분주함보다 집중을, 많은 것보다 한 가지를, 섬김보다 경청을 선택한 것입니다.

마르다가 잘못되었다는 것은 아닙니다. 섬김은 아름답습니다. 수고는 귀합니다. 그러나 분주함 속에서 가장 중요한 것을 놓칠 수 있습니다. 많은 일로 염려하고 근심하다가 정작 예수님과 함께하는 시간을 놓칠 수 있습니다.

우리도 마르다처럼 살지 않습니까? 너무 바쁩니다. 할 일이 많습니다. 섬겨야 할 사람도 많고, 준비해야 할 것도 많습니다. 착한 일, 의미 있는 일, 꼭 해야 할 일로 가득합니다. 그러나 정작 중요한 것을 놓칩니다. 예수님과 함께하는 시간을 놓칩니다. 말씀 듣는 시간을 생략합니다. 기도하는 시간을 미룹니다.

과연 여러분은 무엇을 선택하고 있습니까? 많은 것을 하려다 한 가지를 놓치고 있지 않습니까? 분주함 속에서 가장 중요한 것을 잃어버리고 있지 않습니까? 마리아처럼 좋은 편을 선택하십시오. 주님의 발치에 앉으십시오. 분주함을 멈추십시오. 우선순위를 다시 세우십시오.

■ 기도

한 가지만으로 족하다 하시는 주님, 저는 마르다처럼 많은 일로 염려하고 근심했습니다. 바쁘게 살았고, 분주하게 움직였습니다. 섬기느라, 준비하느라 정작 주님과 함께하는 시간을 놓쳤습니다. 말씀 듣는 시간을 생략했고, 주님 발앞에 앉는 것을 미뤘습니다. 주님, 용서하소서. 마리아처럼 좋은 편을 택하게 하소서. 분주함을 멈추고 주님 발앞에 앉게 하소서. 많은 것이 아니라 한 가지, 가장 중요한 것을 선택하게 하소서. 우선순위를 다시 세우게 하소서. 예수님의 이름으로 기도합니다. 아멘.

한 가지가 남았다

"예수께서 그를 보시고 사랑하사 이르시되 네게 아직도 한 가지 부족한 것이 있으니 가서 네게 있는 것을 다 팔아 가난한 자들에게 주라 그리하면 하늘에서 보화가 네게 있으리라 그리고 와서 나를 따르라 하시니" 마가복음 10:21

한 사람이 달려와 예수님 앞에 꿇어앉아 묻습니다. "선한 선생님, 제가 무엇을 해야 영생을 얻겠습니까?" 그냥 걸어온 것이 아니라 달려와서, 그냥 선 것이 아니라 꿇어앉아 물을 만큼 절박한 심정입니다.

그때 예수님께서 이 사람에게 오히려 물으십니다. "네가 계명을 아느냐? 살인하지 말라. 간음하지 말라. 도둑질하지 말라. 거짓 증언 하지 말라. 속여 빼앗지 말라. 네 부모를 공경하라." 이때 그가 대답합니다. "선생님, 이것은 제가 어려서부터 다 지켰습니다." 자신 있는 대답 뒤에는 '이 정도면 영생을 얻을만한데, 왜 이리 답답할까?'라는 심정이 있었습니다.

과연 무엇이 문제였을까요? 이 사람의 진심과 노력을 보신 예수님께서 사랑하는 마음으로 말씀하십니다. "너에게 아직도 한 가지 부족한 것이 있다. 가서 네게 있는 것을 다 팔아 가난한 사람들에게 주어라. 그리하면 하늘에서 보화가 네게 있을 것이다. 그리고 와서 나를 따르라."

예수님이 보실 때, 그에게는 한 가지가 남아 있었습니다. 바로 재산을 내려놓는 것이었습니다. 이게 왜 중요했을까요? 하나님을 온전히 섬긴다고 했지만, 사실 어떤 경우에도 재물을 놓을 수 없었기 때문입니다. 그런 점에서 재물은 그의 마지막 우상이었습니다.

결국 그 사람은 이 말씀에 매우 괴로워하며 떠납니다. 영생을 구하러 왔지만,

재물을 택하고 떠납니다. 예수님을 만났지만, 재산을 택하고 떠납니다. 슬픈 기색으로 근심하며 떠납니다. 기쁨이 없습니다. 평안이 없습니다. 그러나 결국 예수님보다 재산을 선택했습니다.

이렇게 돌아가는 사람을 보며, 예수님께서 제자들에게 말씀하십니다. "재물이 있는 사람은 하나님의 나라에 들어가기가 정말 어렵다." 그렇습니다. '어렵습니다.' 하지만 불가능하다는 뜻은 아닙니다. 재물이라는 우상을 놓겠다는 굳은 결심을 실천하면, 하나님의 나라에 들어갈 수 있습니다.

혹시 당신에게도 절대 포기할 수 없는, 놓지 못한 한 가지가 있습니까? 예수님보다 더 소중한 것, 예수님을 따르는 것을 방해하는 것이 있습니까? 재산일 수도 있고, 명예일 수도 있고, 관계일 수도 있고, 꿈일 수도 있습니다. 하지만 예수님이 말씀하십니다. 가서 팔아 나눠주고 나를 따르라. 붙잡은 것을 내려놓을 때 진정한 자유가 옵니다. 하늘의 보화가 당신의 것이 됩니다.

■ 기도

자유케 하시는 주님, 제게도 한 가지가 남아 있습니다. 모든 것을 다 한다고 하지만 하나를 놓지 못합니다. 재산일 수도, 명예일 수도, 관계일 수도 있습니다. 붙잡고 있습니다. 놓을 수 없습니다. 그래서 슬픈 기색으로, 근심하며 살아갑니다. 주님, 용서하소서. 주님을 따르는 자유를 위해 붙잡은 것을 내려놓게 하소서. 가서 팔아 나눠주고 주님을 따르라는 말씀에 순종하게 하소서. 재물보다 주님을, 세상보다 천국을, 현재보다 영생을 택하게 하소서. 예수님의 이름으로 기도합니다. 아멘.

전부를 드리는 마음

"그들은 다 그 풍족한 중에서 넣었거니와 이 과부는 그 가난한 중에서 자기의 모든 소유 곧 생활비 전부를 넣었느니라 하시니라" 마가복음 12:44

예수님이 예루살렘 성전의 헌금함 맞은편에서, 사람들이 헌금함에 돈 넣는 것을 보십니다. 우선 부자가 많은 동전을 넣습니다. 많은 동전을 넣으니, 소리도 요란합니다. 사람들이 그것을 보고 부러워하며 칭찬합니다.

그때 한 가난한 과부가 와서 두 렙돈을 넣습니다. 한 렙돈이 노동자 하루 품삯의 128분의 1입니다. 지금 우리로 보면 1천 원이 조금 넘습니다. 아주 적은 금액입니다. 소리도 그냥 딸그랑 날 뿐입니다. 그래서 과부의 헌금에는 아무도 주목하지 않습니다.

그러나 예수님이 보십니다. 제자들을 불러 말씀하십니다. "내가 진실로 너희에게 말하는데, 이 가난한 과부는 누구보다 많이 넣었다." 이 과부는 누구보다 적게 헌금했습니다. 그런데 왜 가장 많이 넣었다고 하시는 걸까요?

이유는 간단했습니다. 부자들은 풍족한 중에서 일부를 헌금했지만, 이 과부는 가난한 중에서 가지고 있는 모든 것, 곧 생활비 전부를 넣었기 때문입니다. 차이는 비율이 아닙니다. 마음입니다. 부자들은 남는 것 중에서 넣었습니다. 없어도 되는 것을 넣었습니다. 집에 돌아가도 여전히 풍족합니다. 그러나 과부는 전부를 넣었습니다. 오늘 먹을 것까지 넣었습니다. 이제 그녀에게는 아무것도 남지 않았습니다.

부자들의 헌금은 계산된 것입니다. '이 정도면 적당하겠지, 이 정도면 사람들이 인정하겠지, 십일조는 해야 하니까.' 그러나 과부의 헌금은 그것이 전부입니다. 계산이 없습니다. 오직 하나님께 대한 신뢰뿐입니다. 하나님이 나를 먹이실 것이라는 믿음으로 전부를 드린 것입니다. 내일을 염려하지 않고 오늘 전부를 드렸습니다.

예수님은 양이 아니라 질을 보십니다. 금액이 아니라 마음을 보십니다. 얼마나 많이 드렸느냐가 아니라 얼마나 진실하게 드렸느냐를 보십니다. 과부는 적게 드렸지만 진실하게 드렸습니다. 그때 예수님께서 그 헌금을 가장 크게 보시고 칭찬하셨습니다.

우리는 어떻게 드립니까? 남는 것 중에서 드립니까, 전부를 드립니까? 계산하며 드립니까, 신뢰하며 드립니까? 사람들이 보는 것을 의식하며 드립니까, 하나님 보시는 것만 의식하며 드립니까?

하나님은 당신의 헌금을 보십니다. 금액이 아니라 마음을 보십니다. 많음이 아니라 진실함을 보십니다. 남은 것이 아니라 전부인지를 보십니다. 과부처럼 전부를 드리는 마음으로 사십시오. 기준을 다시 세우십시오. 계산하지 말고 그저 신뢰하십시오.

■ 기도

마음을 보시는 주님, 저는 많이 드린다고 생각했습니다. 그러나 남는 것 중에서 드렸습니다. 계산하며 드렸고, 사람들을 의식하며 드렸습니다. 진실함이 없었고, 전부를 드리는 마음이 없었습니다. 주님, 용서하소서. 가난한 과부처럼 전부를 드리는 마음을 주소서. 양이 아니라 질을, 금액이 아니라 진실함을, 계산이 아니라 신뢰를 가지고 드리게 하소서. 많음이 아니라 마음의 진실함으로 내 기준을 다시 세우게 하소서. 하나님 보시는 것만 의식하며 하나님께만 드리게 하소서. 예수님의 이름으로 기도합니다. 아멘.

섬김이 위대함이다

"예수께서 앉으사 열두 제자를 불러서 이르시되 누구든지 첫째가 되고자 하면 뭇 사람의 끝이 되며 뭇 사람을 섬기는 자가 되어야 하리라 하시고" 마가복음 9:35

예수님의 제자들이 길에서 서로 논쟁을 벌입니다. 그렇게 붉어진 얼굴로 집에 들어간 뒤에, 예수님이 물으십니다. "너희가 길에서 서로 토론한 것이 무엇이냐?" 하지만 그들은 아무 말도 못 합니다. 누가 더 큰가를 놓고 다퉜기 때문입니다.

이처럼 제자들의 관심은 높은 자리였습니다. '누가 가장 큰가, 누가 예수님 옆에 앉을 것인가, 누가 높은 지위를 차지할 것인가.' 그들은 예수님이 왕이 되면 자신들도 높은 자리에 앉을 것이라 기대했습니다. 그래서 서로 경쟁했습니다.

이때 예수님이 열두 제자를 부르시더니, 중요한 교훈을 말씀하십니다. "누구든지 첫째가 되고자 하면, 모든 사람의 끝이 되며 모든 사람을 섬기는 사람이 되어야 한다." 쉽게 말해서, 첫째가 되려면 끝이 되라는 것입니다. 크고 싶으면 작아지라는 것입니다. 높아지려면 낮아지라는 것입니다.

누가 봐도 세상의 방식과 정반대입니다. 세상은 첫째가 되려면 경쟁하라고 합니다. 밀어내라고 합니다. 남을 짓밟고 위로 올라가라고 합니다. 그러나 예수님은 섬기라고 하십니다. 끝이 되라고 하십니다. 낮아지라고 하십니다. 아래로 내려가라고 하십니다.

그러면서 예수님은 또 말씀하십니다. "누구든지 내 이름으로 이런 어린아이 하나를 영접하면 곧 나를 영접하는 것이요, 누구든지 나를 영접하면 나를 영접하는 것이 아니라 나를 보내신 분을 영접하는 것이다." 당시 어린아이는 늘 무시당하는 존재였습니다. 권력도 없고, 지위도 없고, 재산도 없는 존재였습니다. 그런 어린아이를 영접하라는 것입니다. 섬기라는 것입니다. 그것이 예수님을 영접하는 것이고, 하나님을 영접하는 것이라고 하십니다.

그런 점에서 작고 낮은 자를 섬기는 것은 지는 것이 아니라, 하나님께 칭찬받고 이기는 길입니다. 그렇다면 우리는 어떤가요? 제자들처럼 누가 큰가 비교하며 사는 것은 아닌가요? 높은 자리를 원하고, 인정받기 원하고, 칭찬받기 원합니다. 섬김보다는 섬김받기 원하는 것은 아닌가요? 낮아지기보다 높아지기 원하는 것은 아닌가요?

그러나 예수님은크고 싶으면 섬기라고, 첫째가 되고 싶으면 끝이 되라고 말씀하십니다. 여러분은 무엇을 원하십니까? 첫째가 되기 원합니까? 그렇다면 섬기십시오. 크게 되고 싶은 마음을 내려놓고 마지막이 되어 섬기는 예수님의 길을 가십시오. 어린아이를 영접하듯 작고 낮은 자를 섬기십시오. 섬김이 위대한 것임을 기억하십시오.

■ 기도

섬기신 주님, 저는 제자들처럼 누가 큰가 비교하며 살았습니다. 높은 자리를 원했고, 인정받기 원했고, 칭찬받기 원했습니다. 섬기기보다 섬김받기 원했습니다. 주님, 용서하소서. 첫째가 되고자 하면 끝이 되라는 그 말씀을 붙듭니다. 크게 되고 싶은 마음을 내려놓게 하소서. 비교하고 경쟁하는 마음을 버리게 하소서. 마지막이 되어 섬기는 예수님의 길을 살게 하소서. 어린아이를 영접하듯 작고 낮은 자를 섬기게 하소서. 섬김이 위대한 것임을 깨닫게 하소서. 예수님의 이름으로 기도합니다. 아멘.

하나님께 부요하라

"하나님은 이르시되 어리석은 자여 오늘 밤에 네 영혼을 도로 찾으리니 그러면 네 준비 한 것이 누구의 것이 되겠느냐 하셨으니" 누가복음 12:20

한 부자가 있었습니다. 큰 풍년을 거두고, 창고에 곡식을 넘치도록 보관합니다. 그런데 문제가 생겼습니다. 더 이상 곡식 쌓을 곳이 없는 겁니다. 그래서 부자는 심사숙고하며 말합니다. "어떻게 할까? 곡식 쌓아둘 곳이 없네." 많은 소출이 기쁨이 아니라 고민이 되었습니다. 쌓아둘 곳을 찾는 것이 그의 관심입니다.

그렇게 한참 고민하던 부자가 드디어 결론을 내립니다. "이렇게 해야겠다. 내 곳간을 헐고 더 크게 지어서 모든 곡식과 물건을 쌓아둬야지." 더 큰 창고를 지어서 다 쌓아두겠다는 것입니다. 그리고 미래의 꿈을 꾸기 시작합니다. "여러 해 쓸 물건을 많이 쌓아 두었으니 평안히 쉬고 먹고 마시고 즐거워하자." 이제 편히 쉴 수 있습니다. 여러 해 동안 쓸 것이 준비되었습니다. 일하지 않아도 됩니다. 걱정하지 않아도 됩니다. 쌓아둔 것으로 먹고 마시고 즐기면 됩니다. 미래를 생각만 해도, 저절로 행복해집니다.

그런데 부자가 전혀 생각하지 못한 게 있었습니다. 바로 그것을, 하나님이 말씀하십니다. "어리석은 자여, 오늘 밤 네 영혼을 도로 찾을 것이니 그러면 네가 준비한 것이 누구 것이 되겠느냐?" 부자는 자기 생명이 하나님께 달린 것을 몰랐습니다. 하나님은 부자의 생명을 그날 밤에 끝내기로 하십니다. 여러 해 동안 쌓아둔 것은 누가 가질 것입니까? 자신은 사용하지 못합니다. 그래서 그는 '어리석은 자'가 됩니다.

예수님이 왜 이 이야기를 하실까요? 바로 이 말씀을 하시려는 것입니다. "자기를 위하여 재물을 쌓아두고 하나님께 대하여 부요하지 못한 자가 이와 같다." 그렇습니다. 자기를 위해서는 쌓았지만 하나님께 대해 부요하지 못한 사람, 곳간은 가득한데 영혼이 가난한 사람, 창고는 넘치지만 하나님 앞에서 빈손인 사람은 어리석다는 뜻입니다.

그런 점에서, 이 부자의 잘못은 무엇일까요? 열심히 일한 것입니까? 아닙니다. 곡식을 거둔 것입니까? 아닙니다. 문제는 방향입니다. 자기를 위해서만 쌓았다는 것입니다. 하나님을 생각하지 않았습니다. 이웃을 돌아보지 않았습니다. 오직 자기만 위했습니다.

과연 우리는 어떻습니까? 자기를 위해서만 쌓고 있지 않습니까? 하나님께 대해서는 부요합니까? 영혼의 창고는 어떻습니까? 세상의 창고는 가득한데 천국의 계좌는 비어 있지 않습니까?

지금부터 하나님께 부요하십시오. 쌓되 하나님을 위해 쌓으십시오. 저장하되 천국에 저장하십시오. 자기를 위한 삶이 아니라 하나님께 부요한 삶으로 돌이키십시오.

■ **기도**

영원하신 주님, 저는 어리석은 부자처럼 자기를 위해서만 쌓아왔습니다. 더 많이 가지려 했고, 더 크게 짓고, 더 많이 저장하려 했습니다. 세상 창고는 채웠지만 영혼의 창고는 비워두었습니다. 하나님께 대해 부요하지 못했습니다. 주님, 용서하소서. 쌓아두는 인생이 아니라 하나님께 부요한 인생으로 돌이키게 하소서. 자신이 아니라 하나님을 위한 삶, 이웃을 위한 삶을 살게 하소서. 천국에 보화를 쌓게 하소서. 영원을 위한 준비를 하게 하소서. 예수님의 이름으로 기도합니다. 아멘.

22일 03/14(토)

은혜의 계산법

"이와 같이 나중 된 자로서 먼저 되고 먼저 된 자로서 나중 되리라" 마태복음 20:16

한 주인이 하루 동안 포도원에서 일할 일꾼을 고용하기 위해, 오전 6시에 인력시장을 찾았습니다. 그렇게 일꾼을 고른 주인은 일꾼들과 하루 한 데나리온씩 합의하고 포도원에 들여보냅니다. 이른 아침부터 일하기로 약속한 것입니다.

오전 9시쯤 나가 보니 장터에 놀고 서 있는 사람들이 있습니다. 주인이 그들에게 말합니다. "너희도 포도원에 들어가라. 내가 일당을 톡톡히 쳐주겠다." 그들이 포도원에 들어갑니다. 낮 12시와 오후 3시에도 주인은 인력시장에 가서 똑같이 합니다. 여러 시간에 사람들을 불러 일하게 합니다.

그리고 주인은 오후 5시쯤 나가봅니다. 업무 마감을 한 시간 앞둔 그때도, 서 있는 사람들이 있습니다. 주인이 묻습니다. "너희는 왜 종일토록 놀다가 여기 서 있는가?" 그들이 대답합니다. "아무도 우리를 품꾼으로 쓰지 않기 때문입니다." 주인은 그 사람들도 일꾼으로 부릅니다.

저녁 6시, 모든 일이 끝나고 매니저가 일당을 주기 시작합니다. 먼저 저녁 5시에 온 사람들이 한 데나리온씩 받습니다. 한 시간밖에 일하지 않았는데 한 데나리온을 받습니다. 그리고 오후 3시, 낮 12시, 오전 9시, 오전 6시부터 일한 사람들이 각각 일당을 받는데, 이상합니다. 똑같이 한 데나리온씩 주는 겁니다. 그래서 이 일꾼들이 항의합니다. "나중에 온 사람들은 한 시간밖에 일하지 않았는데, 종일 수고하고 더위를 견딘 우리와 같게 주는 건 불공평합니다."

그때 주인이 대답합니다. "친구여, 나는 잘못이 없다. 네가 나와 한 데나리온을 약속하지 않았냐? 네 것이나 가지고 가라. 나중에 온 사람에게 너와 같이 주는 것이 내 뜻이다. 내 것을 가지고 내 뜻대로 하는 게 뭐가 문제냐?"

이 비유를 통해서 예수님은 우리의 시선이 어디 있는지를 묻고 계십니다.

우리도 먼저 온 품꾼처럼 살지 않습니까? 내가 더 많이 했다고, 더 오래했다고, 더 수고했다고 비교합니다. 나중에 온 사람이 나와 같은 대우를 받으면 불평합니다. 그러나 은혜는 계산이 아닙니다. 비교가 아닙니다. 하나님의 선하심입니다.

지금 여러분은 무엇을 비교하고 있습니까? 누가 더 많이 했는지, 누가 더 오래했는지 따지고 있습니까? 은혜가 아니라 공로로 계산하고 있습니까? 비교와 불평을 멈추십시오. 은혜로 시작해 은혜로 끝나는 삶을 배우십시오.

■ **기도**

은혜의 주님, 저는 먼저 온 품꾼처럼 비교하며 살았습니다. 내가 더 많이 했다고, 더 오래했다고, 더 수고했다고 따졌습니다. 나중에 온 사람이 나와 같은 대우를 받으면 불평했습니다. 은혜가 아니라 공로로 계산했습니다. 주님, 용서하소서. 비교와 불평을 멈추게 하소서. 은혜로 시작해 은혜로 끝나는 삶을 배우게 하소서. 하나님의 선하심을 기뻐하게 하소서. 나중 된 자가 먼저 되고 먼저 된 자가 나중 되는 천국의 질서를 깨닫게 하소서. 주님의 은혜를 감사하며 살게 하소서. 예수님의 이름으로 기도합니다. 아멘.

5주차

03월 16일 ~ 03월 21일

다시 꿈꾸게 하시는 주님

『묵상 시』

실패한 밤 이후에도
주님이 부르십니다
두려움 너머로
사명을 다시 일으켜 주십니다

익숙한 자리를 떠나
따르는 결단으로
내 삶의 방향을
다시 정하게 하십니다

내 계획이 꺾여도
포기하지 않으시고
택한 그릇으로
다시 부르십니다

두려움보다 순종이
먼저 앞서게 하시고
작은 것을 드릴 때
주님의 역사로 넓어집니다

오늘 내가 서 있는
이 자리에서
복음을 살아내는
보냄 받은 제자로
'다시, 삶' 을 시작합니다

23일 03/16(월)

무서워하지 말라

"예수께서 시몬에게 이르시되 무서워하지 말라 이제 후로는 네가 사람을 취하리라 하시니" 누가복음 5:10

갈릴리 호숫가에서, 예수님이 무리에게 말씀을 가르치십니다. 사람들이 밀려들자, 예수님은 말씀을 전하시기 위해 호숫가에 놓여 있던 시몬의 배에 오르십니다.

모든 말씀을 마치시고, 예수님은 갑자기 시몬을 바라보십시다. 그물을 정리하는데, 어딘가 힘이 없어 보이는 시몬의 모습! 그때 예수님께서 시몬에게 말씀하십니다. "깊은 데로 가서 그물을 내려 고기를 잡아라."

이상한 명령이었습니다. 우선 지금은 고기 잡을 시간이 아니기 때문입니다. 밤새 수고했지만 한 마리도 잡지 못했는데, 대낮에 그물을 던지라니 말이 안됩니다. 누가 봐도 이미 시몬의 고기잡이는 실패로 끝났습니다.

그러나 시몬이 대답합니다. "선생님, 우리가 밤새 수고했지만 아무것도 잡지 못했습니다. 그러나 말씀대로 그물을 내리겠습니다." 불평할 수도 있었고, 반박할 수도 있었습니다. 목수가 무슨 고기잡이를 아느냐고 할 수도 있었지요. 그러나 순종합니다. 말씀대로 하겠다고 합니다.

그리고 그물을 내리는데, 놀라운 일이 일어납니다. 잡은 고기가 너무 많아 그물이 찢어지는 겁니다. 밤새 잡지 못한 고기를 낮에 잡았습니다. 전문가인 어부가 실패한 곳에서 예수님의 말씀으로 성공한 것입니다. 너무 많아서 그물이 찢어지고, 배가 가라앉을 지경이 되었습니다. 다른 배를 불러 함께 채웁니다.

많은 사람이 만선(滿船)의 기쁨만 생각할 때, 시몬 베드로는 다른 것을 생각합니다. 그는 문득 예수님에 대한 두려움을 느꼈고, 곧바로 예수님의 무릎 아래 엎드려 말합니다. "주님, 나를 떠나소서. 나는 죄인입니다." 밤새 한 마리도 잡지 못한 고기를 그물이 찢어질 만큼 거두게 하신 예수님의 능력 앞에서, 한없이 작은 자신을 본 것입니다.

그때 예수님이 시몬에게 말씀하십니다. "무서워하지 말라. 이제부터 너는 사람을 잡을 것이다." 위로하고 격려하시며, 새로운 부르심으로 그를 이끕니다. 이제 시몬은 고기를 잡던 어부에서 영혼을 낚는 어부로 다시 세워집니다.

이 부르심에 그들은 배를 육지에 대고 모든 것을 버려둔 채 예수님을 따릅니다. 배와 그물, 방금 잡은 엄청난 양의 고기까지 다 버립니다. 그리고 예수님을 따르며 더 멋진 인생이 됩니다.

우리는 실패를 두려워합니다. 인생이 끝난다고 생각하기 때문입니다. 그러나 주님이 계시는 한, 실패는 또 다른 기회가 될 수 있습니다. 당신에게도 실패한 밤이 있습니까? 수고했지만 얻은 것 없는 아침이 있습니까? 지쳐서 그물을 씻고 있습니까? 그때 주님이 말씀하십니다. 깊은 데로 가서 그물을 내리라고. 무서워하지 말라고. 이제 후로는 네가 사람을 잡을 것이라고. 주님은 실패한 밤 이후에도 우리를 부르십니다. 사명을 다시 일으켜 주십니다.

■ 기도

부르시는 주님, 제게도 실패한 밤이 있었습니다. 아무것도 얻지 못하고 포기하고 싶었습니다. 그러나 주님이 말씀하셨습니다. 깊은 데로 가라고. 무서워하지 말라 하시니 두려움을 내려놓습니다. 실패한 밤 이후에도 부르시는 은혜로 제 사명을 다시 일으켜 주소서. 이제 후로는 사람을 잡게 하소서. 모든 것을 버려두고 주님을 따르게 하소서. 예수님의 이름으로 기도합니다. 아멘.

24일 03/17(화)

일어나 따르라

"예수께서 그 곳을 떠나 지나가시다가 마태라 하는 사람이 세관에 앉아 있는 것을 보시고 이르시되 나를 따르라 하시니 일어나 따르니라" 마태복음 9:9

예수님이 길을 가시다가 세관을 지나십니다. 마침 그곳에 마태라는 사람이 앉아 있었습니다. 세리였지요. 동족에게서 세금을 거둬 로마에 바치는 사람이었습니다. 당시 세리는 사람들에게 멸시받았습니다. 로마를 위해 동족을 등쳐먹는 사람으로 여겨졌기 때문입니다.

바로 그런 자리에 마태가 앉아 있습니다. 매일 같은 자리에서 돈을 세고 세금을 거두고 기록했습니다. 수입은 괜찮았지만, 존경받지 못했습니다. 사람들이 피했고 경멸의 눈빛을 받았습니다.

그런데 모두가 무시하는 마태에게, 예수님께서 말씀하십니다. "나를 따르라." 짧은 명령이었습니다. 설명도 조건도 없었습니다. 어디로 가는지 무엇을 하는지 말씀하지 않으십니다. 그냥 따르라고만 하십니다.

그런데 놀라운 일이 일어납니다. 마태가 자리를 박차고 일어나 따른 겁니다. 장부를 덮고 세관을 떠났습니다. 돈과 미래와 안정을 버리고 예수님을 따른 것입니다.

이상한 결단이었습니다. 왜 그랬을까요? 예수님에 관해 얼마나 알고 있었을까요? 어디로 가는지 물어보지도 않았고, 무엇을 하게 될지 확인하지도 않았습니다. 그냥 일어나 따랐습니다. 나를 인정하고 나를 부르시는 분이 있다는 그 마음이 그에게 새로운 기쁨을 주었기 때문입니다.

그래서일까요? 예수님의 제자가 된 마태가 집에서 잔치를 엽니다. 예수님을 위한 잔치였습니다. 많은 세리와 죄인이 와서 그 자리에 함께 했습니다. 다태의 친구들이었습니다. 소외된 사람들이었지요. 마태가 그들에게 예수님을 소개한 것입니다.

바리새인들이 보고 제자들에게 말합니다. "어찌하여 당신네 선생은 세리와 죄인들과 함께 먹는 거요?" 그렇게 마태와 예수님과 제자들을 비난하는데, 이때 예수님께서 말씀하십니다. "건강한 사람에게는 의사가 필요 없고 병든 사람에게 필요하다. 나는 의인을 부르러 온 것이 아니라 죄인을 부르러 왔다." 바로 이것이 예수님이 마태를 부르신 이유였습니다. 죄인을 부르러 오셨기 때문이고, 소외된 자를 찾으러 오셨기 때문입니다.

그 예수님께서 지금 여러분을 찾고 계십니다. 이 시간 이 질문을 가슴에 품어봅시다. "여러분은 지금 익숙한 자리에 앉아 있습니까? 안정적이지만 만족스럽지 않은 자리에 있습니까?" 예수님이 지나가시며 말씀하십니다. "나를 따르라." 이제 일어나십시오. 익숙한 자리를 떠나십시오. 주님을 따르는 결단으로 삶의 방향을 다시 정하십시오.

■ 기도

따르라 부르시는 주님, 저는 익숙한 자리에 앉아 있었습니다. 안정적이었지만 만족스럽지 않았습니다. 외로웠고 소외당했습니다. 그러나 주님이 말씀하셨습니다. 나를 따르라고. 일어나게 하소서. 익숙한 자리에서 일어나 주님을 따르는 결단으로 삶의 방향을 다시 정하게 하소서. 망설이지 않고 즉시 순종하게 하소서. 미래를 버리고 안정을 포기하고 주님을 따르게 하소서. 예수님의 이름으로 기도합니다. 아멘.

25일 03/18(수)

택한 그릇

“주께서 이르시되 가라 이 사람은 내 이름을 이방인과 임금들과 이스라엘 자손들에게 전하기 위하여 택한 나의 그릇이라” 사도행전 9:15

사울이 다메섹으로 가는 길이었습니다. 그는 대제사장에게서 공문을 받아 가지고 갔습니다. 다메섹 회당들에 가서 예수 믿는 사람들을 결박해 예루살렘으로 끌고 오려는 것이었습니다. 그는 확신에 차 있었습니다. 자신이 옳다고 믿었고 하나님을 위한 일이라 생각했습니다.

그런데 다메섹에 가까이 이르렀을 때 갑자기 하늘로부터 빛이 그를 둘러 비춥니다. 땅에 엎드러지는데 음성이 들립니다. “사울아, 사울아, 네가 어찌하여 나를 박해하느냐?” 사울이 누구시냐고 묻는데, 들리는 대답이 충격적입니다. “나는 네가 박해하는 예수라.”

순간 사울의 모든 것이 무너집니다. 자신이 옳다고 믿었던 것이 틀렸습니다. 하나님을 위한다고 생각했는데, 그분을 대적하고 있었습니다. 확신이 있었지만, 그 확신은 틀린 것이었습니다.

그때 예수님이 말씀하십니다. “일어나 다메섹으로 들어가라. 네가 행할 것을 네게 이를 자가 있느니라.” 사울이 눈을 뜨니 아무것도 보이지 않습니다. 사람의 손에 끌려 다메섹으로 들어갑니다. 사흘 동안 보지 못하고 먹지도 마시지도 않습니다.

어둠 속의 사흘이었습니다. 볼 수 없었고 움직일 수 없었습니다. 그러나 그 어둠 속에서 사울은 변화됩니다. 자신이 누구였는지 깨닫습니다. 박해자였고 대적자였습니다. 자신이 무엇을 했는지 깨닫습니다. 주님을 박해했고 교회를 핍박했습니다.

그런데 그 어둠 속에서 주님이 다시 만나주십니다. 주님이 보내신 사람이 와서 사울에게 안수합니다. 즉시 눈에서 비늘 같은 것이 떨어지며 다시 보게 됩니다. 일어나 세례받고 음식을 먹으매 강건해집니다.

사울은 새 사람이 되었습니다. 박해자에서 전도자로, 대적자에서 사도로 바뀌었습니다. 주님이 그를 택하셨습니다. 이방인과 임금들과 이스라엘 자손에게 주님의 이름을 전하도록 택하신 그릇이 되었습니다.

사실 우리에게도 사울처럼 확신이 있었던 것들이 있습니다. 이것이 옳다고 믿었고 이것이 하나님의 뜻이라 생각했습니다. 그러나 때로 주님은 그 확신을 깨뜨리십니다. 내려놓게 하시고 멈춰 서게 하십니다. 그때 우리는 어둠을 경험합니다. 앞이 보이지 않고 무엇을 해야 할지 알 수 없습니다. 혼란스럽고 두렵습니다. 그러나 걱정하지 마십시오. 그 어둠은 심판이 아니라 변화의 시간입니다. 주님이 우리를 만나시는 시간이고 새롭게 하시는 시간입니다.

여러분도 지금 어둠 속에 있습니까? 확신이 무너지고 계획이 꺾였습니까? 하지만 그것은 끝이 아닙니다. 주님이 당신을 새롭게 하시는 시간입니다. 박해자 사울을 사도 바울로 만드신 주님이 당신도 택하신 그릇으로 세우실 것입니다.

■ **기도**

택하시는 주님, 제 계획도 꺾였습니다. 확신이 무너지고 방향을 잃었습니다. 옳다고 믿었던 것이 틀렸고 열심히 잘못된 길을 갔습니다. 혼란스럽고 두렵습니다. 그러나 주님은 포기하지 않으십니다. 오히려 저를 택하시고, 그릇으로 부르십니다. 주님, 감사합니다. 제 계획을 꺾어도 포기하지 않으시고 부르시는 사랑에 다시 삶을 드리게 하소서. 택한 그릇으로 주님의 이름을 전하게 하소서. 예수님의 이름으로 기도합니다. 아멘.

26일 03/19(목)

형제라 부르는 순종

"아나니아가 떠나 그 집에 들어가서 그에게 안수하여 이르되 형제 사울아 주 곧 네가 오는 길에서 나타나셨던 예수께서 나를 보내어 너로 다시 보게 하시고 성령으로 충만하게 하신다 하니" 사도행전 9:17

사울이 큰 충격 속에 기도하던 그때, 다메섹에 있던 아나니아라는 사람에게 주님의 음성이 들립니다. 사울을 찾아가서 그에게 세례를 주라는 것이었습니다. 아나니아는 두려웠습니다. 사울이 얼마나 많은 성도를 박해했는지 소문으로 들었고, 그가 다메섹에 온 이유도 알고 있었습니다. 자신 같은 사람을 잡아 결박하여 예루살렘으로 끌고 가려는 것 말입니다.

그러나 주님이 가라고 하십니다. 이 사람은 택한 그릇이라고 하십니다. 이해되지 않습니다. 박해자를 찾아가는 것이 위험하고 두려웠지요. 하지만 아나니아는 순종합니다. 주님의 말씀이기 때문입니다. 직가라 하는 거리로 가서 유다의 집을 찾아, 그 집에 들어갑니다.

사울을 봅니다. 사흘 동안 보지 못하고 먹지도 마시지도 않은 사람이었습니다. 확신이 깨지고 절망하고 있는 사람이었지요. 아나니아는 크게 심호흡하고 그에게 안수합니다. 그리고 말합니다. "형제 사울아."

원수 같은 박해자를 형제라고 부릅니다. 적을 형제라고 부르고, 두려워했던 사람을 형제라고 부릅니다. 쉽지 않은 결정이었습니다. 그런데 아나니아는 그렇게 부릅니다. 주님께서 택한 그릇이었기 때문입니다.

아나니아는 계속 선포합니다. "주 곧 네가 오는 길에서 나타나셨던 예수께서 나를 보내어 너로 다시 보게 하시고 성령으로 충만하게 하신다." 그렇게 아나니아는 사명을 전하고 회복의 약속을 전합니다. 바로 그 순간 사울의 눈에서 비늘 같은 것이 벗어져 다시 보게 됩니다. 일어나 세례를 받고, 음식을 먹고 강건해집니다.

이처럼 아나니아의 순종 덕분에 사울이 회복됩니다. 아나니아의 환대로 사울이 형제로 받아들여졌고, 두려움을 넘어선 순종이 하나님의 계획을 이루었습니다. 만약 아나니아가 거부했다면? 두려워서 가지 않았다면? 사울의 회복이 지연되었을 것이고, 역사가 달라졌을 것입니다.

우리에게도 아나니아의 순간이 있습니다. 두렵지만 가야 하는 순간, 이해되지 않지만 순종해야 하는 순간, 적을 형제라고 불러야 하는 순간 말입니다. 그때 우리가 순종하면 하나님의 계획이 이루어지고, 우리의 순종이 누군가를 회복시키는 것입니다.

여러분에게 두려운 사명이 있습니까? 이해되지 않는 명령이 있습니까? 형제라고 부르기 어려운 사람이 있습니까? 아나니아처럼 순종하십시오. 두려움보다 순종이 앞서게 하십시오. 환대로 관계를 다시 이어가십시오.

■ **기도**

순종을 원하시는 주님, 제게도 두려운 사명이 있습니다. 이해되지 않는 명령이 있고, 형제라고 부르기 어려운 사람이 있습니다. 두렵고 피하고 싶습니다. 그러나 아나니아처럼 순종하게 하소서. 주님, 용서하소서. 두려움보다 순종이 앞서게 하시고 환대로 관계를 다시 잇게 하소서. 적을 형제라고 부를 용기를 주소서. 제 순종이 누군가를 회복시키는 도구가 되게 하소서. 하나님의 계획을 이루는 통로가 되게 하소서. 예수님의 이름으로 기도합니다. 아멘.

27일 03/20(금)

보냄 받은 제자

"이르시되 추수할 것은 많되 일꾼이 적으니 그러므로 추수하는 주인에게 청하여 추수할 일꾼들을 보내 주소서 하라" 누가복음 10:2

예수님이 칠십 명의 제자를 세우십니다. 그리고 둘씩 짝지어 전도를 보내십니다. 자신이 가시려는 각 동네와 지역으로 앞서 보내시는 것입니다. 복음을 전하게 하시고 예수님이 가실 길을 미리 준비하게 하게 하십니다.

제자들은 그냥 가는 것이지만, 예수님의 마음은 비장했습니다. 우선 복음을 들어야 할 사람이 많고, 구원받아야 할 영혼이 많기 때문입니다. 그래서 예수님은 말씀하십니다. "추수하는 주인에게 청하여 추수할 일꾼들을 보내주소서 하라."

또한 예수님의 마음이 비장했던 이유는 전도하는 길이 늘 위험하기 때문입니다. 그래서 예수님은 "내가 너희를 보내는 것은 어린 양을 이리 가운데로 보내는 것과 같다"라고 말씀하십니다. 거부당할 수 있고 박해받을 수 있었습니다. 그러나 그 길은 가야 합니다.

과연 어떻게 가야 할까요? 우선 "전대나 배낭이나 신발을 가지지 말라"라고 하십니다. 물질에 집착하지 말라는 뜻입니다. 또 "길에서 불필요하게 이야기하지 말라"라고 하십니다. 서두르라는 것이고 오직 사명에 집중하라는 것입니다. 그리고 "어느 집에 들어가든지 먼저 평안이 이 집에 있을 것을 외치라"라고 하십니다. 제자들의 사명은 정죄가 아니라 평안을 선포하는 것이라는 뜻입니다.

칠십 명이 그렇게 전도하러 나갑니다. 그때 놀라운 일이 일어납니다. 예수님의 이름으로 능력이 나타났고 귀신들이 항복했습니다. 칠십 명이 놀라워하며 예수님께 증언합니다. 그런데 이때 예수님께서 정말로 중요한 말씀을 하십니다. "그러나 귀신들이 너희에게 항복하는 것으로 기뻐하지 말고, 너희 이름이 하늘에 기록된 것으로 기뻐하라." 제자에게 진짜 중요한 것은 이름이 하늘에 기록되는 것이라는 뜻입니다.

이것은 그저 과거의 이야기가 아닙니다. 우리도 보냄 받았기 때문입니다. 가정으로, 직장으로, 학교로, 이웃으로 보냄 받았지요. 그곳에서 우리는 어떻게 살아야 할까요?

그곳에서 평안을 선포해야 합니다. 복음을 살아내야 합니다. 추수할 것은 많고 일꾼은 적습니다. 어린 양이 이리 가운데 가듯 두렵지만 가야 합니다. 그러나 능력이 나타나고 성과를 내는 것으로 좋아하지 마십시오. 우리의 이름이 하늘에 기록된 것에 진짜 기쁨을 두십시오.

지금 여러분이 보내심 받은 자리는 어디입니까? 그곳에서 여러분은 예수님께서 주신 사명을 감당하고 있습니까? 오늘도 그곳에서 평안을 선포하고 복음을 살아내는 제자로 서게 되기를 축복합니다.

■ **기도**

보내시는 주님, 저도 보냄 받았습니다. 오늘 제가 있는 자리로 보냄 받았습니다. 그러나 잊고 살았고 사명을 잃어버렸습니다. 평안을 선포하지 못했고 복음을 살아내지 못했습니다. 주님, 용서하소서. 오늘의 자리에서 복음을 살아내는 제자로 다시 서게 하소서. 평안을 선포하게 하소서. 어린 양이 이리 가운데로 가듯 두려워도 가게 하소서. 능력이 아니라 이름이 하늘에 기록된 것을 기뻐하게 하소서. 예수님의 이름으로 기도합니다. 아멘.

작은 것을 드리다

"제자 중 하나 곧 시몬 베드로의 형제 안드레가 예수께 여짜오되 여기 한 아이가 있어 보리떡 다섯 개와 물고기 두 마리를 가지고 있나이다 그러나 그것이 이 많은 사람에게 얼마나 되겠사옵나이까" 요한복음 6:8~9

큰 무리가 예수님을 따라옵니다. 따라오다 보니 빈들까지 따라옵니다. 성인 남자만 오천 명, 여자와 어린아이들까지 하면 일만 명에서 이만 명쯤 되는 엄청난 무리! 이들이 한참 예수님의 말씀을 듣습니다. 말씀을 듣다 보니, 해가 저뭅니다. 사람들이 배고픕니다. 이때 예수님이 빌립에게 물으십니다. "우리가 어디서 빵을 사서 이 사람들로 먹게 할까?"

그때 빌립이 대답합니다. 각 사람으로 조금씩 받게 할지라도 이백 데나리온, 지금으로 따지면 3천 4백만 원의 비용이 들겠다고 이야기합니다. "그냥 지금 저 무리들을 해산시키자"라는 이야기를 에둘러서 표현한 거지요.

그때 안드레가 말합니다. "여기 한 아이가 보리빵 다섯 개와 생선 두 마리를 가지고 있습니다. 그러나 그것이 이 많은 사람에게 얼마나 되겠습니까?" 안드레가 아이의 작은 도시락을 가져옵니다. 그러나 일만 명, 이만 명을 먹이기에는 턱없이 부족한 분량이었습니다.

그런데 예수님의 대답은 놀라웠습니다. "사람들을 앉히라." 무슨 뜻인지 모르는 제자들은 일단 예수님이 시키시는 대로 사람들을 오십 명, 백 명씩 질서정연하게 앉힙니다. 이 모든 일이 끝나자, 예수님이 빵을 들고 축복기도를 하신 다음, 앉은 자들에게 나눠 주십니다. 그리고 생선도 그렇게 하십니다.

그런데 놀라운 일이 일어납니다. 모두가 배터지게 먹고도, 열두 바구니만큼 남습니다. 보리빵 다섯 개와 생선 두 마리로 일만 명, 이만 명을 먹이는 불가능한 일이 일어납니다.

어떻게 이런 일이 일어났을까요? 물론 예수님의 능력도 중요합니다. 그러나 우리가 또 주목할 것이 있습니다. 바로 아이의 도시락입니다. 아이가 내놓지 않았다면? 안드레가 가져오지 않았다면? 작다고 부끄러워했다면? 이 기적은 일어나지 않았을 것입니다. 작은 것을 드릴 때 예수님이 사용하시고, 부족한 것을 드릴 때 예수님이 복 주시는 것입니다.

하지만 우리는 작은 것 드리기를 부끄러워합니다. 부족한 것 드리기를 망설이고, "이런 것으로 무얼 할 수 있겠습니까?"라며 숨깁니다. 그러나 예수님 손에 드려질 때 작은 것이 큰 것이 되고, 부족한 것이 풍족한 것이 되는 것입니다.

당신에게는 무엇이 있습니까? 작습니까? 부족합니까? 부끄럽습니까? 그래도 드리십시오. 예수님 손에 올려드리십시오. 숨기지 마십시오. 내 작은 것을 주님 손에 올려드릴 때 주님의 역사로 넓어지는 삶을 경험하십시오.

■ 기도

기적을 행하시는 주님, 제게도 작은 것이 있습니다. 보리빵 다섯 개와 생선 두 마리 같은 작은 것입니다. 부족하고 보잘것없어서 부끄러워했고 숨겼습니다. 사람들이 비웃을까 두려워했습니다. 주님, 용서하소서. 내 작은 것을 주님 손에 올려드리게 하소서. 작다고 부끄러워하지 않게 하시고, 부족하다고 숨기지 않게 하소서. 주님 손에 올려드릴 때 주님의 역사로 넓어지는 삶을 경험하게 하소서. 부족한 것이 풍족한 것 되는 기적을 경험케 하옵소서. 예수님의 이름으로 기도합니다. 아멘.

6주차

03월 23일 ~ 03월 28일

절망에서 다시 일어나는 삶

〖묵상 시〗

기쁨이 바닥난 잔에
주님이 새 포도주를 채우십니다
끝났다는 말 앞에서도
다시 믿으라 손 잡아주십니다

상실의 길에 멈춰 서시고
생명의 말씀을 선포하시며
무덤 앞의 체념을 깨뜨리고
"나오라" 부르십니다

풍랑 속에서도
평안을 말씀하시고
믿음의 빈틈 앞에서
"도와주소서" 부르짖게 하십니다

절망이 아니라
소망으로
죽음이 아니라
생명으로
무덤이 아니라
부활로

잠자던 소녀가
일어나고
죽었던 청년이
말하며
묶였던 나사로가
걸어 나옵니다

'다시, 삶'이
시작됩니다

기쁨이 바닥났을 때

"예수께서 이 첫 표적을 갈릴리 가나에서 행하여 그의 영광을 나타내시매 제자들이 그를 믿으니라" 요한복음 2:11

갈릴리 가나에 혼인 잔치가 있었습니다. 예수님의 어머니가 거기 계셨고, 예수님과 제자들도 청함을 받아 함께했지요. 축제였고 기쁜 날이었습니다. 그런데 포도주가 떨어집니다. 잔치가 한창인데 포도주가 바닥난 것입니다. 큰 문제였습니다. 중동의 혼인 잔치에서 포도주가 떨어지는 것은 집안의 수치였기 때문입니다.

정황상 혼주와 깊이 연결된 것으로 보이는 예수님의 어머니가 예수님께 부탁합니다. "아들아, 포도주가 떨어졌는데 어떡하냐?" 그런데 이때 예수님이 말씀하십니다. "어머니, 그게 저와 무슨 상관이 있습니까? 제가 일할 때가 아닙니다." 그러나 어머니는 예수님이라면 충분히 뭔가 하실 수 있다는 것을 알고 계셨습니다. 그래서 어머니가 하인들에게 말합니다. "너희에게 무슨 말씀을 하시든지 그대로 하라."

잠시 후 예수님께서 하인들을 부르시더니, 유대인의 정결 의식에 쓰이는 돌항아리 여섯 개를 가리키며 말씀하십니다. "저 항아리에 물을 채우라." 예수님의 어머니에게 이미 명령을 받은 하인들은 말씀대로 항아리에 물을 가득 채웁니다. 그러자 예수님께서 말씀하십니다. "이제는 떠서 연회장에게 갖다주라." 하인들은 역시 그대로 합니다.

어떻게 되었을까요? 연회장이 물을 맛보고 충격을 받습니다. 그러더니 신랑을 불러 말합니다. "사람마다 먼저 좋은 포도주를 내놓고 취한 후에 나쁜 것을 내놓는데, 왜 지금까지 좋은 포도주를 놔둔 겁니까?" 그렇습니다. 물이 포도주가 된 것입니다. 그것도 좋은 포도주가 된 것입니다. 이것이 예수님의 첫 번째 표적이었습니다. 가나에서 행하신 것이고, 그의 영광을 나타내신 것이며, 제자들이 그를 믿게 된 계기였습니다.

이 말씀은 무엇을 의미할까요? 포도주가 떨어진 것은 우리 삶의 기쁨이 바닥난 것을 상징합니다. 우리 삶도 그렇지 않습니까? 기쁨이 바닥날 때가 있습니다. 처음에는 좋았는데 점점 식어가고, 뜨거운 마음이 있었는데 지쳐가며, 소망이 있었는데 사라져가는 것입니다.

그러나 너무 낙담할 필요가 없습니다. 절망하지 않아도 됩니다. 예수님이 새 포도주를 주시기 때문입니다. 아무것도 없는 곳에서 새것을 만드시고, 바닥난 곳에서 채우시며, 끝난 것 같은 곳에서 새로 시작하십니다. 그것도 더 좋은 것으로 채우십니다.

당신의 기쁨이 바닥났습니까? 처음의 뜨거운 마음이 식어졌습니까? 소망이 사라졌습니까? 예수님께 말씀드리십시오. 그리고 순종하십시오. "너희에게 무슨 말씀을 하시든지 그대로 하라." 주님이 새 포도주로 채우실 것입니다.

■ 기도

새 포도주 주시는 주님, 제 기쁨도 바닥났습니다. 처음의 뜨거운 마음이 식었고 소망이 사라졌습니다. 잔치가 시작되었지만 기쁨이 없었습니다. 바닥난 기쁨을 채우시는 주님의 새 포도주로 우리 삶을 다시 살려 주소서. 물을 포도주로 만드시듯 제 삶을 새롭게 하소서. 순종하게 하시고 경험하게 하소서. 새 포도주로 채워 주소서. 예수님의 이름으로 기도합니다. 아멘.

30일 03/24(화)

믿기만 하라

"예수께서 그 하는 말을 곁에서 들으시고 회당장에게 이르시되 두려워하지 말고 믿기만 하라 하시고" 마가복음 5:36

예수님이 사역을 마치시고 가버나움에 오십니다. 바로 그때 회당장 야이로가 예수님의 발 앞에 엎드려 간구합니다. "열두 살 된 제 딸이 죽게 되었으니 오셔서 손을 얹어 살려주십시오." 회당장은 그 도시 최고의 지도자 중 한 명이었습니다. 그런데 그런 사람이 한낱 목수에게 엎드려 간구하는 겁니다. 그만큼 회당장 야이로는 간절했습니다.

그래서 야이로의 안내에 따라, 예수님이 그의 집으로 가십니다. 그런데 중간에 방해꾼이 나타납니다. 만성 하혈을 앓던 여인이 예수님의 옷자락을 만지고 나으면서, 시간이 지체된 겁니다. 그 사이 야이로의 집에서 사람들이 와서 말합니다.

"회당장님, 딸이 죽었습니다. 이제 늦었습니다." 이 소식에 야이로는 통곡합니다. 얼마나 예수님이 원망스럽고 여인이 미웠을까요?

그런데 절망하는 야이로에게 예수님이 말씀하십니다. "두려워하지 말고 믿기만 하라." 아직 끝나지 않았으니, 믿기만 하라는 겁니다. 그런 다음 이제는 예수님께서 펑펑 우는 야이로를 이끌고, 그의 집으로 갑니다.

집에 가니 통곡하는 사람, 숨죽여 우는 사람들이 곳곳에 보입니다. 이때 예수님이 말씀하십니다. "걱정마십시오. 아이가 죽은 게 아니라 잡니다." 그러고는 사람들의 비웃음을 뒤로 하고, 아이가 있는 방으로 들어가십니다. 사람들을 다 내보내고 아이의 부모와 제자 세 사람만 남긴 채, 아이의 손을 잡으시고 말씀하십니다.

"달리다굼! 소녀야 일어나라!"

그 순간 놀라운 일이 일어납니다. 소녀가 곧 일어나서 걷는 겁니다. 죽었던 아이가 살아난 것입니다. 사람들이 크게 놀랍니다. 예수님이 명하십니다. "이 일을 아무에게도 알리지 말라. 그리고 아이에게 먹을 것을 주라."

여기서 저는 예수님의 한마디를 주목하고 싶습니다. "두려워하지 말고 믿기만 하라." 야이로에게 주신 말씀인 동시에 우리에게도 주시는 말씀입니다. 우리도 살다 보면, 그런 순간이 있습니다. 아무런 가망이 없고, 모든 것이 무너진 순간을 만납니다. 그때 우리는 절망하며 그저 울 수밖에 없습니다.

바로 그때 주님이 말씀하십니다. "두려워하지 말고 믿기만 하라." 무슨 뜻입니까? 보이는 것이 전부가 아니고, 들리는 소식이 끝이 아니며, 죽은 것처럼 보여도 주님은 일으키실 수 있다는 뜻입니다. 그리고 단순히 말로 끝나는 게 아니라, 그렇게 믿는 자에게 새 일을 행하십니다.

여러분에게도 죽은 것 같은 것이 있습니까? 다 끝났다는 소식을 들었습니까? 주님의 음성을 들으십시오. "두려워하지 말고 믿기만 하라." 말씀으로 다시 믿음을 붙드십시오.

■ 기도

생명 주시는 주님, 제게도 끝났다는 소식이 있었습니다. 이미 때가 지났다고 생각했습니다. 절망했고 포기했습니다. 그러나 주님이 말씀하십니다. 두려워하지 말고 믿기만 하라고. 끝났다는 소식 앞에서도 말씀으로 다시 믿음을 붙들게 하소서. 죽은 것처럼 보여도 주님은 일으키실 수 있음을 믿게 하소서. 달리다굼, 일어나라 말씀하소서. 믿기만 하게 하소서. 예수님의 이름으로 기도합니다. 아멘.

멈춰 서시는 긍휼

"주께서 과부를 보시고 불쌍히 여기사 울지 말라 하시고" 누가복음 7:13

예수님과 제자들이 나인이라는 성으로 들어갈 때였습니다. 성문에 가까이 이르렀을 때 시신을 담은 관이 성문을 나오고 있고, 한 여인이 그 뒤를 따라가며 대성통곡하고 있었습니다. 그 옆에는 사람들이 여인을 눈물로 부축하며 함께 따라오고 있었습니다. 딱 보니, 홀로 남은 어머니의 외아들이 죽은 것이었습니다.

이 어머니의 마음이 얼마나 찢어졌을까요? 당시 홀로 남은 여인은 사회적으로 약자였고, 외아들이 유일한 소망이었을 텐데 그마저 잃었습니다. 절망이었습니다. 그 마음이 전달되었는지, 예수님께서 여인을 보고 걸음을 멈추십니다. 그리고 여인에게 말씀하십니다. "울지 말라."

그러고 나서 가까이 가시더니 그 관에 손을 대십니다. 율법에 보면 죽은 것과 접촉하는 사람은 부정해집니다. 그러나 예수님은 그런 규정에 매이지 않으십니다. 홀로 남은 여인을 긍휼히 여기는 것이 더 중요했기 때문입니다.

예수님은 관에 손을 대신 뒤에 이렇게 외치십니다. "청년아, 내가 네게 말하니 일어나라." 그 순간 놀라운 일이 일어납니다. 죽었던 청년이 깊은 잠을 잔 것처럼 깨어나더니, 어머니의 안부를 묻고 자신이 왜 여기에 있냐고 묻습니다.

예수님은 이 청년을 다시 어머니에게 이끌었고, 어머니는 다시 한번 눈물을 흘립니다. 그러나 이 눈물의 성격은 달랐습니다. 이전에는 통곡의 눈물이었다면, 이제는 기쁨의 눈물이 됩니다. 또한 이 어머니뿐만 아니라, 장례 행렬에 참여한 사람이 모두 기뻐했고, 모든 사람이 두려워하며 하나님께 영광을 돌립니다.

이 이야기에서 중요한 것은 무엇일까요? 예수님이 멈춰 서셨다는 것입니다. 나인성으로 가시던 길이었는데, 할 일이 있으셨을 텐데, 많은 무리가 함께 가고 있었는데 멈춰 서신 것입니다. 장례 행렬을 보시고, 우는 과부를 보시고, 그 절망을 보시고 멈춰 서셨습니다. 그리고 절망에 빠진 그 인생에 새로운 희망을 주셨습니다.

우리는 너무 바쁘게 살아갑니다. 지나가면서 보지만, 바쁘다는 이유로 그냥 지나갑니다. 그러나 예수님은 멈춰 서십니다. 그리고 생명의 말씀을 선포하십니다. "청년아, 일어나라." 그때 죽은 자가 살아나고 울음이 기쁨으로 변합니다.

예수님은 그 일이 이제 우리를 통해 이루어지기 원하십니다. 여러분은 누군가의 슬픔 앞에서 멈춰 섭니까, 바쁘다는 이유로 지나갑니까? 외면하고 싶은 아픔이 있습니까? 예수님처럼 멈춰 서십시오. 긍휼히 여기십시오. 가까이 가십시오. 주님의 긍휼이 당신을 통해 흐르게 하십시오.

■ **기도**

멈춰 서시는 주님, 주님은 나인성으로 가시는 중에도 장례 행렬을 보시고 멈춰 서셨습니다. 과부를 불쌍히 여기시고 긍휼을 베푸셨습니다. 그러나 저는 바쁘다는 이유로 지나갔습니다. 슬픈 사람을 보지만 외면했고, 도울 수 있었지만 그냥 갔습니다. 주님, 용서하소서. 멈춰 서게 하소서. 상실의 길에서 멈춰 서 주시고 생명의 말씀으로 우리를 다시 일으켜 주소서. 주님의 긍휼이 저를 통해 흐르게 하소서. 슬퍼하는 사람 앞에서 멈춰 서게 하소서. 예수님의 이름으로 기도합니다. 아멘.

나오라

"이 말씀을 하시고 큰 소리로 나사로야 나오라 부르시니" 요한복음 11:43

예루살렘 인근, 베다니 마을에 사는 나사로라는 사람이 사경을 헤매기 시작합니다. 나사로는 마리아와 마르다의 오빠로, 예수님의 사역을 전심으로 돕는 동역자였습니다. 그래서 자매는 사람을 보내 예수님께 사정을 알립니다.

상식적이라면 사역을 다 내려놓고, 나사로에게 가봐야 하는 것이 맞았을 겁니다. 그런데 예수님은 뜻밖에도 이틀을 더 사역지에 머무르십니다. 그 사이에 나사로가 죽습니다. 그리고 예수님께서 베다니에 도착하셨을 때는, 이미 나사로가 죽은 지 4일이 지난 때였습니다.

그래도 예수님께서 오신다는 말씀에, 여동생 마르다가 나와 예수님을 맞이합니다. 그때 예수님께 서운함을 드러냅니다. "주님께서 여기 계셨더라면, 우리 오빠가 죽지 않았을 것입니다." 그러자 예수님이 말씀하십니다. "네 오라비가 다시 살아날 것이다." 다시 마르다가 대답합니다. "마지막 날 부활 때 다시 살아날 줄 저는 압니다." 신앙적인 고백은 하지만, 어떤 말도 마르다에게 위로가 되지 못합니다.

바로 그때, 예수님이 말씀하십니다. "나는 부활이요 생명이니, 나를 믿는 자는 죽어도 살겠고, 살아서 나를 믿는 자는 영원히 죽지 않을 것이다. 이것을 네가 믿느냐?" 예수님을 믿으면 반드시 살아날 것이라고 선언하십니다.

그러고 나서 예수님은 곧바로 나사로의 무덤에 가십니다. 그리고 사람들에게 무덤을 막고 있던 돌을 옮겨 놓으라고 말씀하십니다. 마르다가 '죽은 지 벌써 나흘이나 되었다'며 말렸지만, 예수님의 강한 말씀에 결국 무덤을 개방합니다. 시체 썩는 냄새가 진동하는 무덤! 그 무덤을 향해 예수님이 큰 소리로 외치십니다. "나사로야, 나오라." 그 순간 죽었던 나사로가 수족을 베로 동인 채 나옵니다. 그리고 마치 죽은 적이 없는 것처럼, 마르다와 마리아에게 돌아와서 다시 행복하게 살아갑니다.

나사로의 이야기는 그저 과거의 이야기가 아닙니다. 우리 삶에도 알고 보면 무덤 같은 곳이 있기 때문입니다. 모든 희망을 잃고 죽은 것처럼 살아가는 모습들! 너무 늦었다고 생각하고 체념하며 그냥 그렇게 살아가는 모습들! 그런 무덤 같은 모습들이 우리 모두에게 있기 때문입니다.

그런데 그런 우리의 어두운 곳을 향해 예수님이 말씀하십니다. "나는 부활이요 생명이니." 그리고 외치십니다. "나오라." 무덤에서 나오라는 것입니다. 체념하지 말고 나오라는 것이고, 죽은 것처럼 있지 말고 살아서 나오라는 것입니다.

당신의 삶에 무덤 같은 곳이 있습니까? 체념하고 있는 부분이 있습니까? 예수님의 음성을 들으십시오. "나오라." 무덤 앞의 체념을 깨뜨리시고 부르시는 음성으로 삶을 다시 일으키십시오. 나사로처럼 다시 일어나는 기적을 보게 될 것입니다.

■ 기도

부활이요 생명이신 주님, 제 삶에도 무덤 같은 곳이 있습니다. 이미 다 끝났다고 생각하고 체념하며 살았습니다. 그러나 주님은 부활이요 생명이십니다. 큰 소리로 부르십니다. 나오라고. 주님, 감사합니다. 무덤 앞의 체념을 깨뜨리시고 "나오라" 부르시는 음성으로 내 삶을 다시 일으켜 주소서. 묶인 것을 풀어 자유롭게 다니게 하소서. 예수님의 이름으로 기도합니다. 아멘.

33일 03/27(금)

잠잠하라

"예수께서 깨어 바람을 꾸짖으시며 바다더러 이르시되 잠잠하라 고요하라 하시니 바람이 그치고 아주 잔잔하여지더라" 마가복음 4:39

해가 저물 때, 예수님이 제자들에게 말씀하십니다. "우리가 호수 저편으로 건너가자." 사실 제자들은 해가 저물 때 호수 항해하는 것을 원치 않았습니다. 해가 저물면, 갈릴리 호수의 사방에서 바람이 일어나 예상치 못한 폭풍이 불기 때문입니다. 그러나 제자들은 '예수님이 말씀하시는데, 설마 무슨 일이 있겠어?'라는 심정으로 항해를 시작합니다.

하지만 잠시 후 '설마'가 사람을 잡습니다. 큰 광풍이 일어나고 물결이 배에 부딪혀 들어옵니다. 갈릴리 호수는 잔잔하다가도 갑자기 폭풍이 일어나는 곳이었기에, 매우 위험한 상황이었습니다. 배가 침몰할 정도로 큰 파도가 쳤고, 물이 배 안으로 들어와 가득했습니다. 전문 어부였던 제자들도 두려워할 정도였습니다.

이렇게 제자들은 고생하는데, 예수님은 뭐 하셨을까요? 예수님은 배 끝에서 베개를 베고 주무시고 계셨습니다. 폭풍 속에서도 잠을 주무시는 것입니다. 제자들이 깨우며 말합니다. "선생님, 우리가 죽게 되었는데 뭐하십니까?" 그때 잠에서 깨어나신 예수님이 즉시 바람을 꾸짖으십니다. "잠잠하라! 고요하라!" 바람에게 명령하신 것입니다. 그러자 곧바로 바람이 그치고 아주 잔잔해집니다.

모든 상황이 정리된 뒤에, 예수님이 제자들에게 말씀하십니다. "어찌하여 무서워하느냐? 어찌 믿음이 없느냐?" 무슨 뜻입니까? 예수님이 함께 계시는데 왜 죽을까봐 두려워했느냐고 말씀하십니다. 그때 제자들이 크게 두려워하며 놀라 말합니다.

"이분은 누구이기에 바람과 바다도 순종할까?"

그렇습니다. 제자들은 몰랐지만, 예수님은 바람과 바다를 명령하시는 분, 자연을 다스리시는 분, 폭풍도 순종하는 분이셨습니다. 이런 분이 함께 있다는 것으로 제자들은 큰 힘을 얻게 됩니다.

우리도 마찬가지입니다. 우리 삶에도 폭풍이 있습니다. 갑자기 큰 어려움이 찾아오고 감당할 수 없는 문제가 생깁니다. 그때 두려워하고 당황하며, 주님을 원망합니다. 주님은 주무시는 것 같고, 우리의 위기를 돌보지 않으시는 것 같으며, 관심이 없으신 것처럼 보입니다. 그럴 때 우리는 무엇을 헤야 할까요? 예수님을 믿으면 됩니다. 그러면 주님이 말씀으로 폭풍을 잠재우시고 파도를 잔잔케 하시며, 위기를 평안으로 바꾸시기 때문입니다.

당신의 삶에 폭풍이 있습니까? 배가 가라앉을 것 같습니까? 주님이 주무시는 것 같습니까? 깨우십시오. 부르십시오. 주님이 일어나셔서 폭풍을 잠재우실 것입니다. 마음에 평안을 주셔서 다시 안전하게 걷게 하실 것입니다.

■ 기도

평안 주시는 주님, 제 삶에도 폭풍이 있습니다. 갑자기 큰 어려움이 찾아왔고 감당할 수 없는 문제가 생겼습니다. 두려웠고 당황했으며, 주님을 원망했습니다. 주님은 주무시는 것 같았고, 제 위기를 돌보지 않으시는 것 같았습니다. 주님, 용서하소서. 일어나소서. 제 풍랑에 말씀하소서. 잠잠하고 고요하게 하소서. 제 마음의 풍랑 속에 평안을 주셔서 다시 걷게 하소서. 예수님이 함께 계시니 두려워하지 않게 하소서. 예수님의 이름으로 기도합니다. 아멘.

34일 03/28(토)

내 믿음 없음을 도우소서

"곧 그 아이의 아버지가 소리를 질러 이르되 내가 믿나이다 나의 믿음 없는 것을 도와 주소서 하더라" 마가복음 9:24

예수님과 베드로, 요한, 야고보가 변화산에서 기도하고 있던 그 시간에, 한 사람이 귀신에 사로잡힌 아들을 데리고 옵니다. 귀신에 사로잡힌 아들의 몰골은 처참했습니다. 그래서 아버지가 간절한 마음으로 아들의 치유를 간구하며 나온 것이었습니다.

예수님은 계시지 않았지만, 제자들은 이전에 귀신을 떠나가게 했던 경험이 있었기에 자신이 있었습니다. 그래서 제자들이 기도하는데, 기도할수록 귀신이 더 강하게 저항하기만 합니다. 옆에서 지켜보던 아버지는 더 크게 절망하고 있었습니다.

바로 그때 변화산에서 내려온 예수님이 이 상황을 보십니다. 그리고 아버지로부터 자초지종을 들으신 뒤에, 제자들을 꾸짖으십니다. "믿음이 없는 사람들아, 내가 얼마나 더 너희와 함께 있어야 하며 얼마나 더 너희를 참아야 하느냐. 그를 내게 데려오라." 아이를 데려오니 귀신이 예수님을 보고 더 거칠게 저항합니다. 아이는 전보다 더 심하게 경련을 일으켰습니다.

예수님이 그 아버지에게 물으십니다. "언제부터 이렇게 되었느냐?" 아버지가 대답합니다. "어릴 때부터입니다. 귀신이 그를 죽이려고 불과 물에 자주 던졌습니다. 그러나 무엇을 하실 수 있다면 우리를 불쌍히 여기셔서 도와주십시오." 아버지가 외친 이 한마디! '무엇을 하실 수 있다면.' 아버지는 믿음이 흔들리고 있었습니다.

이때 예수님이 말씀하십니다. "'할 수 있다면' 이 무슨 말이냐? 믿는 자에게는

능하지 못할 일이 없다." 그때 아이의 아버지가 소리를 지릅니다. "제가 믿습니다. 제 믿음 없는 것을 도와주소서." 예수님이 이 아이의 상황을 모르고 물으셨을까요? 아닙니다. 예수님이 원했던 것은 바로 이 아버지가 외치는 믿음의 고백이었습니다. 이때 예수님이 드디어 더러운 귀신에게 "나오라"라고 꾸짖으십니다. 그 즉시 귀신이 나오면서, 아이의 불행한 삶은 드디어 끝이 났습니다.

이 아버지처럼 자기 힘으로 해결할 수 없는 어려운 일을 만났을 때, 우리의 입술에 어떤 말이 나와야 할까요? "제가 믿나이다! 제 믿음 없는 것을 도와주소서!" 예수님을 믿되, 자기 믿음이 부족하다고 정직하게 고백하는 것입니다. 그때 예수님은 이 정직한 고백을 받으십니다. 완전한 믿음을 요구하지 않으시고, 불완전한 믿음도 받아주시며, 의심 섞인 믿음이라도 도와주십니다.

당신의 믿음에도 빈틈이 있습니까? 의심이 있습니까? 숨기지 마십시오. 정직하게 고백하십시오. "내가 믿나이다. 나의 믿음 없는 것을 도와주소서." 믿음의 빈틈을 숨기지 않게 하시고, "도와주소서!"의 고백으로 다시 주님께 붙들리십시오.

■ **기도**

도우시는 주님, 제 믿음에도 빈틈이 있습니다. 의심이 있고 불완전합니다. 믿는다고 하면서도 믿음이 부족합니다. 숨기고 싶었고 완전한 척하고 싶었습니다. 그러나 정직하게 고백합니다. "내가 믿나이다. 나의 믿음 없는 것을 도와주소서." 주님, 감사합니다. 믿음의 빈틈을 숨기지 않게 하시고, "도와주소서"라는 고백으로 다시 주님께 붙들리게 하소서. 불완전한 믿음도 받아주시는 주님을 찬양합니다. 예수님의 이름으로 기도합니다. 아멘.

7주차(고난주간)

03월 30일 ~ 04월 04일

나를 위한 주님의 삶

〖묵상 시〗

성전에서
장사의 짐을 뒤엎으시고
기도의 집으로
다시 세우십니다

사랑하라는
첫째 계명으로
내 신앙을
다시 단순하게 하십니다

향유 옥합을
아낌없이 깨뜨리는
헌신으로
다시 불타오르게 하십니다

가장 낮은 그 자리에서
발을 씻기시며
다시 따르게 하십니다

"다 이루었다"
십자가의 완성으로
죄의 빚을 끝내시고
다시 살게 하십니다

무덤 앞의 침묵
아무 일 없는 듯한 날에도
약속을 붙들며
부활을 기다립니다

고난주간
주님의 마지막 걸음이
나를 위한 것이었습니다

'다시, 삶' 이
시작됩니다

성전을 깨끗이 하다

"이에 가르쳐 이르시되 기록된 바 내 집은 만민이 기도하는 집이라 칭함을 받으리라고 하지 아니하였느냐 너희는 강도의 소굴을 만들었도다 하시매" 마가복음 11:17

예수님께서 예루살렘 성전에 들어가십니다. 유월절이 가까운 때였기에, 많은 사람이 모여 있었습니다. 그리고 성전 안에는 유월절 제사를 위한 소와 양과 비둘기를 파는 사람들, 또 돈을 바꾸려는 사람들이 앉아 있었습니다.

유월절 제사를 위해 필요하긴 했지만, 예수님은 이 모습을 심각하게 보십니다. 성전의 본질은 예배하는 집이고 기도하는 집이어야 합니다. 그런데 이런 본질이 흐려지고, 장사하는 모습이 더 부각되는 곳이 된 것입니다. 돈을 버는 곳이 되었고, 거래하는 시장이 되었으며, 하나님보다 돈이 중요한 곳이 되어버린 것입니다.

그래서 예수님은 노끈으로 채찍을 만들어, 장사꾼들을 향해 후려치기 시작합니다. 소와 양을 다 내쫓으시고, 환전하는 사람들의 돈을 쏟으시며, 상을 엎으십니다. 비둘기 파는 사람들에게 말씀하십니다. "내 아버지의 집으로 장사하는 집을 만들지 말라."

온유하신 예수님의 전례 없는 분노! 그것은 하나님 아버지의 집이 더럽혀지는 것을, 구체적으로는 하나님의 집이 장사의 집이 된 것을, 기도의 집이 강도의 소굴이 된 것을 참을 수 없으셨던 겁니다.

이런 예수님의 모습에 대제사장들과 권력자들은 분노합니다. 그러나 제자들은 알았습니다. 예수님은 진짜로 하나님 아버지를 사랑하셨고, 우리 인간들을 사랑하셨기에, 그 사랑이 하나님의 집을 거룩하게 하려는 열심으로 나타났다는 것을 말입니다.

이런 예수님의 모습 앞에서 과연 우리 마음은 어떤가 돌아봅니다. 하나님은 우리 한 사람 한 사람을 하나님의 성령을 모시는 성전으로 세우셨습니다. 그런데 지금 우리의 마음은 어떻습니까? 기도의 집입니까, 아니면 장사의 집입니까? 하나님을 만나는 곳입니까, 아니면 내 욕심을 채우는 곳입니까? 예배드리는 곳입니까, 아니면 거래하는 곳입니까?

때때로 예수님이 오셔서, 내 안의 상을 엎으시고, 장사하는 마음을 뒤엎으시고, 더러운 것을 내쫓으실 때가 있습니다. 양심의 가책으로, 말씀으로, 기도로, 예배로! 그리고 다시 기도의 집으로 만드십니다. 하나님을 만나는 곳으로 회복시키시고, 예배의 장소로 세우십니다. 왜 그러실까요? 우리를 진정 사랑하시기 때문입니다.

여러분의 마음에 무엇이 있습니까? 기도입니까, 아니면 장사입니까? 예배입니까, 아니면 탐욕입니까? 내 안의 장사하는 마음을 뒤엎고 기도가 흐르는 삶으로 다시 정결케 하십시오.

■ 기도

정결케 하시는 주님, 주님은 성전에서 상을 엎으셨습니다. 장사하는 사람들을 내쫓으시고 기도의 집으로 회복시키셨습니다. 그러나 제 마음은 장사의 집이 되었습니다. 하나님보다 돈이 중요했고, 예배보다 욕심이 앞섰으며, 기도보다 탐욕이 가득했습니다. 주님, 용서하소서. 내 안의 장사하는 마음을 뒤엎어 주소서. 탐욕을 쏟아내시고, 더러운 것을 내쫓으소서. 다시 기도의 집으로 만들어 주소서. 거룩한 집으로 세워 주소서. 기도가 흐르는 삶으로 다시 정결케 하소서. 예수님의 이름으로 기도합니다. 아멘.

36일 03/31(화)

가장 큰 계명

"네 마음을 다하고 목숨을 다하고 뜻을 다하고 힘을 다하여 주 너의 하나님을 사랑하라 하신 것이요" 마가복음 12:30

한 서기관이 예수님께 다가와 질문합니다. "모든 계명 중에서 첫째가 무엇입니까?" 그의 질문은 매우 진지했습니다. 율법에는 수많은 계명이 있었습니다. 그래서 사람들은 무엇이 가장 중요한지 헷갈려 했습니다. 후대 랍비들이 그것을 613개로 정리해야 했을 정도였습니다.

그런데 예수님은 거침없이 대답하십니다. "첫째는 이것이다. 이스라엘아, 들으라. 주 우리 하나님은 유일한 주시다. 네 마음을 다하고 목숨을 다하고 뜻을 다하고 힘을 다하여 주 너의 하나님을 사랑하라."

예수님은 먼저, 유대인들이 매일 아침저녁으로 암송하는 쉐마, 즉 신명기 6장 4~5절을 말씀하십니다. 마음을 다하고, 목숨을 다하고, 뜻을 다하고, 힘을 다하여, 즉 내 모든 것으로 하나님을 사랑하는 것이 첫째라는 것입니다.

그리고 예수님께서 이어서 말씀하십니다. "둘째는 이것이다. 네 이웃을 네 자신같이 사랑하라." 예수님은 레위기 19장 18절을 말씀하십니다. 이렇게 예수님은 하나님 사랑과 이웃 사랑으로 수많은 율법을 단번에 정리하십니다.

이 대답을 들은 서기관이 대답합니다. "선생님 말씀이 옳습니다. 하나님은 한 분이시고, 그 외에 다른 이가 없다는 말씀이 참입니다. 또 마음을 다하고 지혜를 다하고 힘을 다하여 하나님을 사랑하는 것과 이웃을 자기 자신같이 사랑하는 것이 모든 번제물과 기타 제사보다 더 중요합니다."

평소에 그렇게 생각하고 있었는지, 아니면 예수님의 대답에 수긍한 것인지는 알 수 없지만, 서기관도 예수님의 말씀에 전적으로 동의합니다. 이때 예수님께서 서기관을 칭찬하십니다. "당신은 하나님의 나라에서 멀지 않습니다."

과연 예수 믿는다는 것은 무엇일까요? 예수 믿는 것은 생각보다 단순합니다. 예수님처럼 하나님을 사랑하고, 예수님처럼 이웃을 사랑하면 됩니다. 그런데 많은 사람이 이것을 생각보다 어렵게 여기고, 이런저런 규정들로 자신을 얽매려고 합니다.

이제 다시 단순하게 돌아갈 때입니다. 본질인 사랑으로 돌아가야 할 때입니다. 그런 점에서 지금 우리의 신앙은 어떻습니까? 마음을 다하고 목숨을 다하고 뜻을 다하고 힘을 다하여 하나님을 사랑합니까? 이웃을 자신같이 사랑합니까? 아니면 이런저런 규정에 얽매여 형식만 지키고 있습니까? 하나님 사랑과 이웃 사랑으로 삶을 다시 단순하게 만들어서, 예수님께 칭찬 받는 여러분이 되기를 축복합니다.

■ 기도

사랑이신 주님, 주님은 가장 큰 계명을 가르쳐 주셨습니다. 하나님을 사랑하고 이웃을 사랑하라고. 마음을 다하고 목숨을 다하고 뜻을 다하고 힘을 다하여 사랑하라고. 단순합니다. 그러나 저는 복잡하게 만들었습니다. 사랑보다 율법을, 마음보다 형식을, 본질보다 껍데기를 중요하게 여겼습니다. 주님, 용서하소서. 사랑을 잃어버린 신앙을 회복시켜 주소서. 하나님을 사랑하고 이웃을 사랑하는 삶으로 돌아가게 하소서. 복잡한 것을 단순하게 하소서. 사랑으로 삶을 다시 단순하게 하소서. 예수님의 이름으로 기도합니다. 아멘.

37일 04/01(수)

향유 옥합을 깨다

"그는 힘을 다하여 내 몸에 향유를 부어 내 장례를 미리 준비하였느니라" 마가복음 14:8

예수님께서 예루살렘 인근에 사는, 나병 환자 시몬의 집에 식사 초대를 받으십니다. 아무래도 나병 환자였다가 예수님 덕분에 낫고, 감사하는 마음으로 초대한 것으로 보입니다. 그렇게 예수님께서 식사하러 앉으셨을 때, 불청객이 들어옵니다. 한 여자가 매우 귀한 향유를 가지고 오더니, 그 향유 그릇을 깨뜨려 예수님의 머리에 붓습니다. 하나도 남김없이, 모두 예수님의 머리에 부었습니다.

이러한 모습을 보며, 어떤 사람들은 분노합니다. "이 비싼 향유를 왜 저렇게 낭비하는 거야? 저거 팔기만 하면, 300 데나리온은 나올 텐데, 그거 팔아서 가난한 사람들에게 주면 얼마나 좋아?" 이렇게 여자를 책망합니다.

물론 계산하면 그 말이 맞습니다. 300 데나리온은 일용직 노동자의 1년 치 임금입니다. 지금 우리 돈으로 따지면, 5천만 원이 넘는 금액입니다. 그런데 이 여인은 왜 그 비싼 것을 예수님께 그대로 부었을까요? 정확히는 모르지만, 예수님께 받은 은혜가 너무 커서 계산 없이 다 드리고 싶었던 것 같습니다.

그 마음을 아신 예수님께서 수군대는 사람들에게 말씀하십니다. "저 여인을 가만히 두라. 그가 내게 좋은 일을 했다." 그리고 이렇게 말씀하십니다. "내가 진정으로 말하는데 온 세상 어디에서든 복음이 전파되는 곳에는 이 여자가 행한 일도 말하여 그를 기억할 것이다." 예수님께서 그 여인을 칭찬하시고 인정하신 겁니다. 왜 칭찬하셨을까요? 계산 없이 예수님께 다 드렸기 때문입니다.

우리는 계산기를 두드려 가며 적당히 헌신해야 지혜롭다고 생각합니다. 그러나 오늘 이야기는 우리에게 분명하게 들려줍니다. '예수님께는 계산을 넘어서 모든 것을 드려야 하며, 결국에는 그 헌신이 우리를 살린다'라고 말입니다.

우리는 과연 어떻게 드리고 있습니까? 계산하며 드립니까, 아니면 헌신으로 드립니까? 남는 것을 드립니까, 아니면 최선을 드립니까? 아끼며 드립니까, 아니면 옥합을 깨뜨리며 드립니까? 사람들의 비난이 두려워 주저합니까, 아니면 주님만 보며 드립니까? 이 여인처럼 계산을 넘어 사랑으로 주님께 힘을 다해 드리는 헌신이 삶 가운데 다시 타오르게 하십시오. 그때 우리의 인생이 다시 살게 될 것입니다.

■ 기도

최선을 받으시는 주님, 한 여자가 옥합을 깨뜨렸습니다. 계산하지 않고 전부를 주님께 드렸습니다. 그러나 저는 계산하며 드렸습니다. 남는 것으로 아끼며, 최선이 아니라 차선을 드렸습니다. 사람들의 눈을 의식하며 주저했습니다. 주님, 용서하소서. 옥합을 깨뜨리는 헌신을 주소서. 계산을 넘어 사랑으로 주님께 힘을 다해 드리는 헌신이 내 삶에 다시 타오르게 하소서. 아끼지 않고 전부를 드리게 하소서. 최선을 주님께 드리게 하소서. 예수님의 이름으로 기도합니다. 아멘.

38일 04/02(목)

발을 씻기신 사랑

"내가 주와 또는 선생이 되어 너희 발을 씻었으니 너희도 서로 발을 씻어 주는 것이 옳으니라" 요한복음 13:14

유월절을 앞둔 저녁 식사 중에, 예수님이 갑자기 일어나십니다. 겉옷을 벗고 수건을 가져다가 허리에 두르십니다. 무릎을 꿇더니 대야에 물을 떠서, 제자들의 발을 씻으시고 두르신 수건으로 닦기 시작하십니다.

제자들은 당황하기 시작합니다. 중동에서 발 씻기는 일은 당연히 종의 몫이기 때문입니다. 손님이 집에 오면 종이 발을 씻겨 주었습니다. 당시 사람들은 샌들을 신고 먼지 나는 길을 걷기 때문에 발이 더러웠습니다. 발을 씻기는 것은 환대의 표시였지만, 천하고 낮은 일이었습니다. 그런데 선생님께서 제자들의 발을 씻고 계신 겁니다.

드디어 베드로 차례! 베드로는 한사코 거절합니다. "주님께서 왜 제 발을 씻으십니까? 이건 아닙니다. 저는 그렇게 못합니다." 그때 예수님이 대답하십니다. "내가 씻겨주지 않으면, 너는 나와 상관이 없다." 무슨 뜻입니까? 발을 씻기는 것이 단순한 청결의 문제가 아니라는 것입니다. 예수님께 이것은 관계의 문제입니다. 씻겨주지 않으면, 예수님과 상관이 없다는 것입니다.

그래서 베드로가 말합니다. "주여, 발뿐 아니라 손과 머리도 다 씻겨주십시오." 처음에는 절대 안 된다더니 이제는 전부 씻어달라고 합니다. 베드로는 어떻게든 예수님과 관계 맺기를 간절히 원합니다.

그렇다면 예수님은 왜 갑자기 제자들의 발을 씻어주신 것일까요? 제자들의 발을 다 씻으신 후, 예수님은 겉옷을 입으시고 다시 앉으셔서 말씀하십니다. "내가 너희에게 행한 것을 다 보았느냐? 너희가 나를 진짜 선생님으로 인정한다면, 그리고 주님으로 인정한다면, 내가 너희에게 행한 것처럼 너희도 서로 발을 씻어주라. 내가 너희에게 행한 것같이 너희도 행하게 하려고 본을 보였다."

그렇습니다. 예수님은 먼저 섬김의 본을 보이시기 위해, 종처럼 제자들의 발을 씻기신 것이었습니다. 주님이 종처럼 섬기셨습니다. 선생이 제자의 발을 씻으셨습니다. 가장 낮은 곳에 내려가신 것입니다. 제자들도 그렇게 하라는 것입니다. 서로 섬기라는 것입니다. 높아지려 하지 말고 낮아지라는 것입니다.

그런데 예수님을 믿는다는 우리는 과연 어떻습니까? 섬김받기만 원합니까, 아니면 섬기고 있습니까? 높아지려 합니까, 아니면 낮아지고 있습니까? 주님은 발을 씻기셨습니다. 가장 낮은 자리에서 우리를 섬기신 주님을 따라, 누군가의 발을 씻어주는 사랑으로 살아가십시오. 그때 예수님이 우리를 높이실 것입니다.

■ 기도

섬기신 주님, 주님은 선생이시며 주이시지만, 제자들의 발을 씻으셨습니다. 종의 일을 하셨습니다. 가장 낮은 자리에 내려오셨습니다. 본을 보이셨습니다. 그러나 저는 섬김받기만 원했습니다. 높은 자리를 원하고, 인정받기 원하고, 섬김받기 원했습니다. 낮아지기를 싫어했습니다. 발 씻기는 것은 더 싫어했습니다. 주님, 용서하소서. 발 씻기는 섬김을 주소서. 낮아지는 겸손을 주소서. 서로 발을 씻어주는 사랑을 주소서. 가장 낮은 자리에서 섬기게 하소서. 예수님의 이름으로 기도합니다. 아멘.

다 이루었다

"예수께서 신 포도주를 받으신 후에 이르시되 다 이루었다 하시고 머리를 숙이니 영혼이 떠나가시니라" 요한복음 19:30

오늘은 성금요일입니다. 예수님이 십자가에 달리셨다가 운명하시는, 가장 슬픈 날입니다. 이날 이미 이른 아침부터 심한 고문을 받으신 예수님은 골고다 언덕에서 못 박힌 채, 아침 9시부터 십자가에 달리십니다. 온몸을 뒤덮은 고문의 상처를 통해 피가 계속 흘러나오고, 체중으로 온몸이 점점 내려가면서 못 박힌 상처는 점점 찢어지고 벌어집니다. 몸을 움직이지 못하니 숨도 자유롭게 쉬지 못하고, 극심한 고통 속에 의식을 점점 잃어갑니다.

낮 12시! 예수님께서 삶과 죽음 사이에 놓인 그때, 온 땅에 갑자기 어둠이 임합니다. 정오부터 어둠이 오는 것입니다. 낮인데 밤같이 어둡습니다. 해가 빛을 잃습니다. 초자연적 현상입니다. 하나님의 아들이 죽으시는 것을 온 피조물이 애도하는 것입니다.

의식을 잃어가는 와중에도, 예수님은 마지막까지 인간의 도리를 다하십니다. 로마 군병을 위해 기도하시고, 회심한 강도에게 구원을 선포하시며, 어머니에게 죄송한 마음을 보입니다. 그러나 오후 3시, 어떻게든 버티시던 예수님은 이제 생명이 끝날 것을 직감하십니다. 그리고 그 죽음은 인류를 구원하기 위한 다리가 완성되는 의미가 있는 것도 아십니다.

그래서 사람들이 주는 신 포도주를 받으신 뒤에, 이렇게 말씀하십니다. "다 이루었다." 그리스어로 '테텔레스타이', 즉 '완료되었다'라는 뜻입니다. 이 외침 후에,

예수님은 자신의 생명을 하나님께 맡기고 숨을 거두십니다.

예수님이 하신 "다 이루었다"라는 말씀. 예수님은 과연 무엇을 이루셨습니까? 구원을 이루셨습니다. 하나님 아버지께서 계획하신 구원의 작업을 완성하셨습니다. 그리고 율법을 완성하셨습니다. 율법에서 요구하는 우리 죄의 대가를, 예수님께서 다 짊어지시고 죽으시면서 전부 치르셨기 때문입니다. 이제 우리가 할 일이 없습니다. 우리는 그저 믿고 받으면 됩니다. 예수님이 다 이루신 구원을 믿음으로 받으면 됩니다.

그러나 우리는 자꾸 더 하려 합니다. 예수님만으로는 부족하다고 생각합니다. 무엇인가 더 해야 한다고 생각합니다. 내 행위로 더 해야 한다고, 내 공로를 보태야 한다고 생각합니다. 그러나 예수님이 말씀하십니다. "다 이루었다." 더할 것이 없습니다. 예수님만으로 충분합니다.

여러분은 무엇을 더하려 합니까? 예수님만으로 충분합니까? "다 이루었다"라는 이 말씀을 믿습니까? "다 이루었다"라고 하시며 내 죄의 빚을 끝내신 십자가의 죽음을 믿으십시오. 하나님과 무관하게 살았던 옛날 모습을 못 박고 '다시, 삶'을 살아가십시오.

■ 기도

"다 이루었다"라고 외치신 주님, 찬양합니다. 십자가 위에서 구원을 완성하신 주님을 찬양합니다. 율법의 요구를 다 채우시고, 죄의 값을 다 치르시고, 사망 권세를 다 꺾으신 주님을 찬양합니다. 제가 할 일이 하나도 없게 모든 것을 이루신 그 사랑을 찬양합니다. 더는 제 행위로 무엇을 보탤 필요가 없습니다. 예수님만으로 충분합니다. "다 이루었다." 그 선포 안에서 쉼을 얻습니다. 주님이 완성하신 구원을 믿음으로 받아 안고, 옛 사람을 십자가에 못 박아 '다시, 삶'을 살게 하소서. 완성하신 주님을 찬양하며, 예수님의 이름으로 기도합니다. 아멘.

40일 04/04(토)

무덤 앞의 침묵

"갈릴리에서 예수와 함께 온 여자들이 뒤를 따라 그 무덤과 그의 시체를 어떻게 두었는지를 보고 돌아가 향품과 향유를 준비하더라" 누가복음 23:55~56

예수님께서 십자가에서 운명하신 뒤, 산헤드린 공회원이자 아리마대 사람인 요셉이 빌라도에게 가서 예수님의 시체를 달라고 요구합니다. 빌라도가 허락하자, 요셉은 곧바로 예수님의 시체를 세마포로 싸서 한 번도 사용한 적 없던 새 무덤에 안치합니다. 갈릴리에서 예수님과 함께 온 여자들이 그 장례에 따라가서, 무덤을 보고 그 시체를 어떻게 두었는지 봅니다. 그렇게 모든 장례 일정이 끝나자마자, 돌을 무덤 문에 굴려 놓고 단단하게 봉인합니다.

말로는 간단하게 이야기했지만, 사실상 세 시간 안에 이 모든 장례 절차를 끝내야 했습니다. 왜냐하면 오후 6시경부터, 해가 지는 순간 바로 안식일이 시작되기 때문이었습니다. 그러다 보니 예수님 시신에 향품을 바를 여유도 없었습니다. 그래서 여인들은 안식일이 지나고 나서, 예수님 시신에 향품과 향유를 바르기로 합니다.

그리고 시작된 안식일! 안식일에는 일할 수 없었습니다. 아무것도 할 수 없었습니다. 그저 기다려야 했습니다. 안식일이 지나기를 기다려야 했습니다. 무기력한 기다림이었습니다. 그래서 이날은 침묵의 날입니다. 아무 일도 일어나지 않는 것 같은 날입니다. 예수님은 무덤에 계십니다. 제자들은 두려워하며 숨어 있습니다. 여자들도 그저 쉽니다. 아무도 부활을 기대하지 않습니다. 끝난 것처럼 보입니다. 이날을 가리켜, 지금 우리는 '성토요일'이라 부릅니다.

우리도 살다 보면, 그런 날을 만납니다. 아무 일도 일어나지 않는 것 같은 날,

하나님이 침묵하시는 것 같은 날, 아무 희망도 보이지 않는 날이 있습니다. 기도해도 응답이 없고, 기다려도 아무 일이 일어나지 않으며, 무덤만 보이는 날입니다. 절망스럽습니다. 힘듭니다.

그러나 하나님은 일하고 계십니다. 보이지 않지만 일하시고, 느껴지지 않지만 함께하십니다. 성토요일 무덤 안에서 하나님은 부활을 준비하고 계셨습니다. 보이지 않았지만 역사하고 계셨고, 침묵하시는 것 같았지만 일하고 계셨으며, 끝난 것 같았지만 새로 시작하고 계셨습니다.

그래서 일어난 일이 무엇입니까? 안식일 후 첫날 아침, 여자들이 무덤으로 갔을 때 돌이 굴려져 있었고, 무덤이 비어 있었습니다. 천사가 말합니다. "그가 살아나셨고 여기 계시지 아니하다." 그렇습니다. 성토요일의 침묵은 부활의 기쁨을 크게 하는 전주곡이었습니다.

당신의 삶에도 성토요일 같은 날이 있습니까? 아무 일도 일어나지 않는 것 같습니까? 하나님이 침묵하시는 것 같습니까? 기다리십시오. 하나님은 일하고 계십니다. 부활을 준비하고 계십니다. 아무 일도 일어나지 않는 듯한 날에도 약속을 놓치지 않고 기다림의 믿음으로 오늘을 견디십시오.

■ 기도

주님, 오늘은 말이 없습니다. 아무 일도 일어나지 않는 것처럼 고요합니다. 무덤 앞에 돌만 놓여 있고, 제자들은 숨어 있고, 어둠만 깊어져 갑니다. 그러나 주님이 침묵 속에서도 일하고 계심을 믿습니다. 보이지 않아도, 들리지 않아도, 느껴지지 않아도, 주님이 부활을 준비하고 계심을 믿습니다. 제 삶에도 이런 날들이 있습니다. 기도해도 응답이 없는 것 같고, 기다려도 아무 일이 일어나지 않는 것 같은 날들. 그날도 주님이 일하고 계심을 믿습니다. 오늘, 약속을 붙들고 내일을 바라보며 기다리게 하옵소서. 예수님의 이름으로 기도합니다. 아멘.

다시, 삶

2026년 2월 6일 1판 1쇄 펴냄

지은이 김학중
펴낸곳 도서출판 예수전도단
출판 등록 1989년 2월 24일 (제2-761호)
주소 서울특별시 관악구 신림로7나길 14
전화 02-6933-9981 · **팩스** 02-6933-9989
이메일 ywam_publishing@ywam.co.kr
홈페이지 www.ywampubl.com

ISBN 978-89-5536-649-5

책값은 뒤표지에 있습니다.
잘못된 책은 바꾸어 드립니다.